空き箱・フレーム・厚紙・木っ端で作る

ちいさな織り機で
ちいさなおしゃれこもの

Little Handloom

Harumi Kageyama
蔭山 はるみ

日本ヴォーグ社

CONTENTS

P.4　Introduction

P.5

Chapter 1
BOARD Handloom

ボード織り機
ウッドボード織り機＆イラストボード織り機

ウッドボード織り機で

P.6　ちいさなマットサンプラー
P.7　プチ・タペストリー
P.8　フリンジブローチ
　　　コンビブローチ
P.9　エンブレム風ブローチ

イラストボード織り機で

P.10　ちいさなモチーフサンプラー
P.11　イニシャル＆ガーランド
P.12　くるりんポーチ
P.13　カードケース
P.14　千鳥格子の革ブレスレット

P.15

Chapter 2
CARD Handloom

カード織り機
巻き織り用＆筒織り用

P.16　巻き織りつつみボタン
P.17　使いみちは、いろいろ
　　　セーターのボタンに
　　　キーホルダー
　　　きのこな鉛筆サック
　　　アクセントな飾りに
P.18　カラフルリング
P.19　プチつつみボタンでネックレス＆ブローチ
P.20　サークルポーチ

Column

P.21　1　おそとで手織りのススメ。
P.28　2　自然のなかにも、
　　　　　手織りの素材は溢れています。

この本に関するご質問は、お電話またはWebで

書名／空き箱・フレーム・厚紙・木っ端で作る
　　　ちいさな織り機でちいさなおしゃれこもの
本のコード／NV70400
担当／斎藤
Tel／03-5261-5197（平日13：00〜17：00受付）
Webサイト／「日本ヴォーグ社の本」http://book.nihonvogue.co.jp
※サイト内（お問い合わせ）からお入りください。（終日受付）
【注】Webでのお問い合わせはパソコン専用となります。

●本誌に掲載の作品を、複製して販売（店頭、ネットオークション等）することは
　禁止されています。手づくりを楽しむためにのみご利用ください。

P.22

Chapter 3

BOX Handloom

ボックス織り機

- P.23　まいにちづかいのコースター
- P.24　ガーリーマット
- P.25　コラージュマット
- P.26　2Way ブレスネックレス
　　　　フォレスト／フラワー
- P.27　バングルブレスレット

P.29

Chapter 4

FRAME Handloom

フレーム織り機

- P.30　ちいさなきんちゃく4姉妹
- P.31　すかし飾り織りのコースター
- P.32　モチーフつなぎのプチバッグとクラッチバッグ
- P.33　千鳥格子のテーブルマット

Let's make and weave a Little Handloom!

作ってみましょう！

- P.34　ちいさな織りに必要な道具たち
- P.35　**Lesson 1**　ボード織り機
  - P.35　ウッドボード織り機
  - P.38　イラストボード織り機　1.基本
  - P.40　イラストボード織り機　2.袋織り
- P.41　**Lesson 2**　ボックス織り機
- P.43　**Lesson 3**　カード織り機
- P.46　**Lesson 4**　フレーム織り機
  - P.46　織り方❶　バッテン織り
  - P.48　織り方❷　平織り
- P.49　**How To Make**　材料と作り方

Introduction

道具をそろえるのが大変だし、織る作業も難しそう———。
手織りに挑戦したいのに、なかなかできないという方に話を聞くと
きまって、こんな答えが返ってきます。
でも…実際やってみれば、手織りは手編みよりも作業はラクだし、
手編みとはまた違った魅力がたくさん。
それを伝えたくて、気軽に楽しんで欲しくて、今から10年ほど前、
誰でも手軽に作れるダンボールを使った織り機を提案しました。
同時に、ファッションからインテリアまで、
さまざまなアイテムが簡単に作れる"ダンボール織り"のアイデアを
本やワークショップでもいろいろご紹介。
結果、うれしいことにたくさんの反響をいただき
その声は、今も途切れることなく届いています。

本書は、そんなダンボール織りに続く
"簡単＆楽しい手織りワールド"第２弾。
ダンボールにかわって、織り機作りの材料として選んだのは
厚紙や紙箱、フォトフレームや、板の端っこなどなど、
今回も身近な素材ばかりです。
ただ、織り機のサイズは、さらに手軽に…との思いで小さめに限定。
ご紹介するアイテムも、ダンボール織り機では作れない
ちいさいものたちにスポットを当て
思わず織ってみたくなるような"とっておき"をたくさんそろえました。
すでにダンボール織りに慣れ親しんでいる方は
ダンボール織り機では作ることができない、
さらなるアイテム作りのためのアイデアBOOKとして。
はじめてさんには、手軽に楽しく手織りと仲良くなるための
頼りになる入門書として、活躍させていただければうれしいです。
パラパラとページをめくってお気に入りを見つけたら
さっそく織り機を作って、はじめてみてくださいね！

蔭山はるみ

Chapter 1
BOARD
Handloom

ボード織り機

最初に登場するのは木と紙、2つのボード(板)で作った、ごらんのちいさな織り機たち。
写真左の織機は、皆さんよく御存知の"あるもの"にちいさなクギを打って作っているのですが、なんだかわかりますか?
正解は、かまぼこ板! あの板の厚みと大きさが思い描いていたフォルムにピッタリだったのです。さっそく作って使ってみたら…ちゃんと織れるし、他の方法では作れない、この織り機ならではのアイテムが続々誕生。
かたや写真右の織機は、文具店や画材屋さんで売られているイラストボード(厚紙の表面に紙を貼ったもの)を利用したもの。カットしたイラストボードの上下に、たて糸をかけるピンを刺したら、即、織り機として使えます。それも好きなサイズ、好きな形にカットして使えるので、アレンジ次第で無限大に楽しめそう。どんなアイテムができるのか、さっそくページをめくって、ごらんください!

ウッドボード織り機　　イラストボード織り機

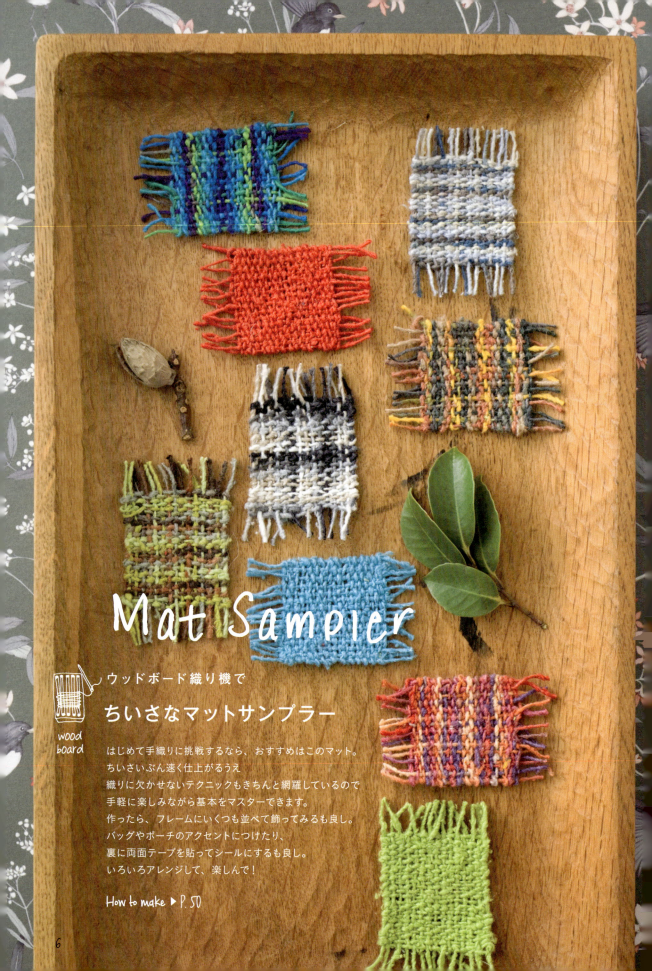

Mat Sampler

wood board

ウッドボード織り機で

ちいさなマットサンプラー

はじめて手織りに挑戦するなら、おすすめはこのマット。
ちいさいぶん速く仕上がるうえ
織りに欠かせないテクニックもきちんと網羅しているので
手軽に楽しみながら基本をマスターできます。
作ったら、フレームにいくつも並べて飾ってみるも良し。
バッグやポーチのアクセントにつけたり、
裏に両面テープを貼ってシールにするも良し。
いろいろアレンジして、楽しんで！

How to make ▶ P.50

SMALL TAPESTRY

wood board

プチ・タペストリー

手織りのタペストリーは、"織り好き"には人気のアイテム。
ただ、いざ作っても、意外と飾る場所に困ってしまう。
だから私も作らずにいたのですが…ふと思いつき、
プチサイズで作ってみたら、これがなんともかわいい！
どこにでもちょこっと飾れる気軽さも手伝って
すっかりハマってしまいました。現在のお気に入りは
素朴な色合いの糸を合わせ、ポール代わりに小枝を通した
ネイチャーバージョン。いかがですか？

How to make ▶ P.25

Fringe

BROOCH

Combination

wood
board

フリンジブローチ
コンビブローチ

How to make ▶ P.54, 55

ちいさなマットやタペストリーが作れるなら
ブローチを作ってみても、かわいいかも。
…ということで、こちら。基本の形は同じですが
色合いを少し変え、フリンジを片側だけにしたり、
逆にフサフサにしたりと、部分チェンジ。
それだけで、おしゃれアイテムに昇格します。

EMBLEM BROOCH

wood board

エンブレム風ブローチ

How to make ▶ P.52

こちらはエンブレムやワッペンをイメージして
お気に入りのトリコロールカラーで作ってみました。
先がとがった形は、一見織るのが難しそうですが
両脇から織り目を1目ずつ減らしていくだけなので簡単。
ブローチはもちろん、好きな色の糸でたくさん作って
シンプルなトートバッグやTシャツにいっぱいつけても！

Motif Sampler

イラストボード織り機で
ちいさなモチーフサンプラー

illust board

イラストボード織り機で最初に作るなら、おすすめはこれ！
どんな糸でも織れますが
並太〜極太の毛糸がいちばん作業しやすく、
ごらんの4cm角程度の大きさなら、10分足らずで1枚作れます。
ウッドボード織りのマットサンプラー同様
フレームやシールづかいもいいけれど、
こちらはフリンジがないので、縦に長くつなげて
ラリエットやベルト風に仕立てても素敵。

How to make ▶ P.58

INITIALS & GARLAND

illust board

イニシャル &
ガーランド

How to make ▶ P.60

自由に好きな形に作れるイラストボード織り機なら
三角のフラッグ型やアルファベットだって作れます。
アルファベットは少し太めで張りのある木綿や麻の糸を使うと
形や輪郭が整いやすく、しっかりとした織り地になります。
誕生日やクリスマス、家族のお祝い事など
記念日のディスプレイにも活躍してくれそう。

MINI POUCH

illust board

くるりんポーチ

How to make ▶ P.63

ピンの打ち方をアレンジして、織り機の表裏両面にたて糸をかけ、
クルクル回しながら織ると…袋状の織り地に。
それも、織り機からはずしたら、
もうフタつきの袋状になっているという
なんともうれしい方法で作ったのが、ごらんのポーチです。
プクプクした素材感が魅力のグレーの糸をメインに
グリーンの糸でコントラストを効かせて
大人かわいい雰囲気に仕上げてみました。

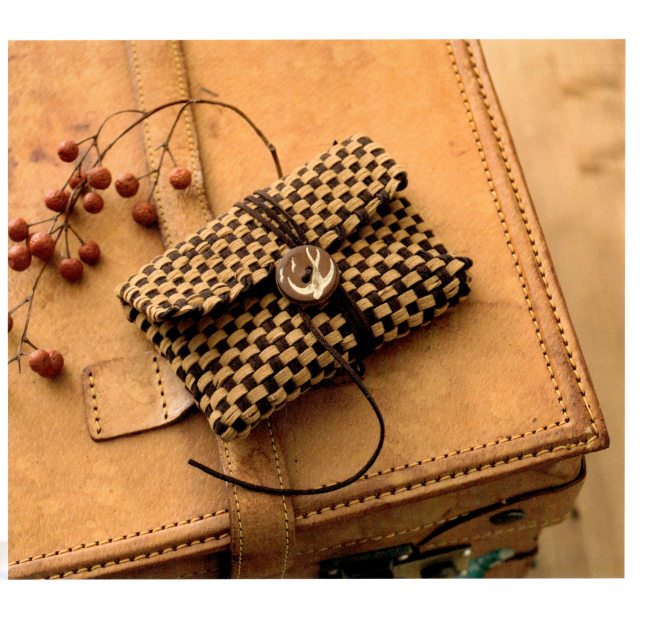

CARD CASE

illust board

カードケース

How to make ▶ P.51

使う糸や形を少し変えるだけで
ガラッとイメージが変えられるのもイラストボード織りの魅力。
ポーチと同じ作り方ですが、
織り機の形を縦長から横長にチェンジ。
糸もスエード風のものに変えて織ったら、ごらんの通り、
まったく雰囲気の違うスタイリッシュなケースになりました。
コンパクトながら、名刺やお店のポイントカードなどが
40枚以上収納OK。使い勝手も申し分なし！です。

LEATHER BRACELET

illust board

千鳥格子の革ブレスレット

今度は、イラストボードを細長くカットして作った織り機で
長いテープ状の織り地を作り
ブレスレットに仕立ててみました。
綿や麻の糸で作っても、幅広のミサンガ風で素敵ですが
ここはもうひとひねり。
赤と白2色の革ひもを千鳥格子模様に織り込んで
かわいさと同時に、ちょっぴり高級感も演出。
しっぽのような"揺れるフリンジ"もポイントです。

How to make ▶ P.62

Chapter 2
CARD
Handloom

カード織り機

次に登場するのは、厚紙製の織り機。丸い織り地が作れる巻き織り用と、筒型が作れる筒織り用の2種類があります。
巻き織りは、織り機にたて糸を対角線状にセットし、よこ糸をたて糸にクルッと巻きつけながら織っていきます。以前、ワイヤーでつくるかごとバスケットの本を出したとき、芯にしたワイヤーに細いワイヤーを巻いて作る"巻き編み"のバスケットを紹介したことがあり、その手法からヒントを得たアイデアです。文章で書くと難しそうな気がするかもしれませんが、実際やってみると、とても簡単だし仕上がりもスピーディ。なにより、まあるい織り地と、たて糸が葉っぱの葉脈のようにプクッと浮き彫りになるその姿が理屈抜きにかわいくて、一度作りはじめたが最後、どんどん作りたくなってしまうことうけあいです。もうひとつの筒織りは、筒状の織り機にたて糸を巻き、よこ糸を通していくもので指輪用に考えたアイデア。こちらもぜひご参考に！

筒織り用

巻き織り用

Covered button

巻き織りつつみボタン

巻き織りをはじめたとき、まず最初にハマって
量産したのがごらんの毛糸で作るつつみボタンたち。
できがった織り地のなかにボタンを入れて
キュッと縫いしぼるだけなのですが、
ぷくぷくコロッとしたフォルムが、
なんとも愛らしいでしょう？
こちらは、中に直径2cmのボタンが入っています。
使う毛糸は、並太～極太を。
少しの量で1個作れるので
あまり毛糸を利用して作ってもいいですね。

How to make ▶ P.64

a » Button
セーターのボタンに

b » Key ring
キーホルダー

c » Mushroom Sack
きのこな鉛筆サック

d » etc...
アクセントな飾りに

a：いくつも作ったら、まずは文字通りボタンとして使ってみて。ボタンホールに通すのは厳しいのでアクセントボタンとして、コートやニットに。
b：キーホルダーやチャームの飾りにしてもかわいい。コロンと丸い形だから、バッグに手を入れて探すときも見つけやすい。
c：中にボタンを入れる代わりに鉛筆を刺し、縫いしぼってサックに。形を整えづらいときは綿を少し詰めるといい。
b：織り地のままカトラリーレストに、数個置いてテーブルのアクセントに。手を加えずそのまま飾ってもOK。

The use is various.....
使いみちは、いろいろ

COLORFUL RING

カラフルリング

How to make ▶ P.67

手織りのリングなんて、普通はなかなかできないですよね。
でも、筒織り用のカード織り機なら、ラクラク！
右ページのネックレス同様、刺しゅう糸を使っていますが
もう少し華やかな雰囲気にしたかったので
カラフルでつやのある25番刺しゅう糸を選びました。
ビーズを足したり、これは薬指用、こっちは人差し指用と
サイズや織り幅を変えたり…いろいろアレンジしてみて。

プチつつみボタンで ネックレス&ブローチ

How to make ▶ P.66

織り地のサイズと中に入れるボタンを少し小さくして
つつみボタンをたくさん作り、並べてネックレスにしてみました。
ブローチは、織りあがった状態のままの織り地を
色違いで数枚組み合わせ、縫いとめたもの。
ともに、つや消しで少し太めの4番の刺しゅう糸を使っています。
マットで落ちついた色合いと質感が、お気に入り。

CIRCLE POUCH

サークルポーチ

How to make ▶ P.65

今度は、直径10cmと大きめサイズの織り機を作って
ヴィヴィッドな極太のロービングヤーンで巻き織りに。
織り地の状態で2枚合わせて、ポーチに仕立ててみました。
この巻き織り、対角線状に何本たて糸をかけるかで
織り地の浮き彫り風の模様が変わってきます。
今回ご紹介しているのは8本と12本の2パターンで
好みでセレクトしてOKですが、大きいサイズの場合は
12本のほうが作りやすく、見た目もきれいに仕上がります。

Column 1

おそとで手織りのススメ。

　もう秋だというのにあたたかで、抜けるような青空広がるある日のこと。ベランダ越しに外を眺めていたら、なんだか部屋に閉じこもっているのがもったいなくなって、思わず電車に飛び乗って出かけたことがありました。目的地は、家から30分ほどの某神社。ゆったりくつろげる芝生のスペースが隣接していて、そこで寝っ転がって空を見上げると気持ちがいいのです。と同時に、なぜだか無性にそこでやってみたくなった…。それがおそとでの手織り体験。

　仕事で野外の手作りを体験したり、外出先に材料を持って出たことはありましたが、自ら積極的に外で作りたいと感じたのは、そのときが初めて。不思議です。でも、芝生に座り、空を眺めつつ、お茶を飲みつつ手を動かしてみて、なんだかその理由がわかった気がしました。

　もう、理屈抜きに楽しいのです。青空と緑に包まれて、カラダもココロもパーンと開放されたなかでのものづくりは、部屋で作業するのとは全然違う、ウキウキわき立ってくるような楽しさ。加えて、普通は外でやらないことを外でやっているという"特別感"もたまりません。結局その日は、日が落ちる直前まで夢中で作り、すっかり気分転換して戻ってきました。

　以来、機会があると道具を持ち出し、楽しんでいます。ただ、やるのは今のところ手織りのみ。外でできるものは他にもあるけれど、大がかりな道具が必要な手織りに限っては、今回ご紹介した織り機がないとできない…つまり、特別感が他とは段違いだからかも（笑）。でも、この本を見た皆さんはもう楽しめますね。ぜひ、体験してみてください。

Chapter 3
BOX
Handloom
ボックス織り機

今度の主役は、どこのおうちにもひとつやふたつはありそうな紙製の空き箱。おしゃれなデザインでなくても、かわいい絵や柄なんてなくてもぜんぜんOK。箱の縁部分にグルリと、たて糸用の切り込みを入れるので、縁がある程度しっかりしているかどうか――それさえクリアすれば、どんなものでも、便利な織り機に変身してくれます。

もしあれば、中に必要な道具を収納しておけるし、持ち歩きもしやすいので、フタつきの箱がおすすめ。フタはそのままでもいいのですが、リボンや織り地を貼ったり…と、好みでちょこっとかわいくアレンジしても楽しい。見るたびにテンションがあがって、俄然やる気になりますよ。

この織り機いちばんの得意分野は、コースターやマット類ですが、え？こんなのも作れるの？とちょっと意外なアイテムができちゃうところも隠れた魅力。まずはおうちを見回して、箱探しからはじめましょう！

DAILY COASTER

まいにちづかいの
コースター

How to make ▶ P.68

ボックス織り機に初挑戦するなら、まずは作りやすくて
何枚あっても困らない、コースターからはじめてみては？
形もサイズも、そして使った糸もすべて同じでも
よこ糸の配置を変えるだけで、どんどん違った雰囲気が生まれる…
そんな織りの魅力も、たっぷり実感できます。
ごらんの4枚を参考に、いろいろ試してみて！

GIRLY MAT
ガーリーマット
How to make ▶ P.69

1本の糸で作る手編みと違い、たてよこともに何本もの糸を
自由自在に変えられるのが、手織りの魅力。
そこで、さまざまな形状、質感の糸をぜいたくに10種類も使って
繊細な織り地のプチマットを作ってみました。
糸選び&糸合わせに悩んだら、こんな風に同系色でまとめると
しっくりとスムーズ、かつおしゃれに仕上がります。

COLLAGE MAT
コラージュマット

How to make ▶ P. 70

市販の織り機では使えないモールやリボンなどの素材を
自由に組み合わせて使えるのもまた、手作り織り機の魅力です。
ブルーのリネンの糸をベースに、モール、幅広テープ、
チョコレート店のリボンに裂き布…etc。いろんな素材を織り込み
コラージュしてみました。加えるときは、よこ糸にアクセントとして
織り込むと効果的。このほか革ひもやフェルトなども使えます。

Flower
フラワー

Forest
フォレスト

BRACELET NECKLACE

2way
ブレスネックレス

How to make ▶ P.72, 73

ボックス織り機の形をうまく利用すれば、
こんなに長いアイテムだって作ることができます。
クルクルと手首に巻いてラップブレスに、のばせばチョーカーと、
2wayで楽しめるデザインと、たくさん通したボタンがチャームポイント。
たて糸にワイヤーも加えて織ってあるので形が安定しやすく、
華奢な見た目に反してなかなか丈夫な作りです。

BANGLE

バングル
ブレスレット

How to make ▶ P.71

ボックス織り機なら、幅広のバングルだってOK。
ポイントは左の2点と同様、たて糸にワイヤーを使って
形を整えることと、よこ糸をしっかり詰めて織ること。
あとは好みの糸を組み合わせていけば、お気に入りの完成です。
私は好きなブルー＆グリーン系の糸を6種類組み合わせ、
同系色のビーズを数箇所に織り込んで、エキゾチック風に。

Column 2

自然のなかにも、手織りの素材はあふれています。

　この本って、枝とか葉っぱとか自然のものがたくさん出てくるなあ──。ページをめくり、写真をごらんになってきて、そんな風に感じている方も多いかもしれませんね。
　実は今回の撮影でスタイリングのテーマにしたのが、自然素材とのコラボ。スタッフ全員で手持ちの枝や木の実を持ち寄って撮影をしたのですが、なかでもいちばん活躍してくれたのが私のコレクション。何を隠そう、私、かなりのひろいもの好きなのです。ひろう場所や素材は海に山、街中問わず。そうして集まった数々の素材を生かしたくて今回、撮影に取り入れたのですが、最近は手織りの素材としても利用するようになりました。
　たとえばごらんのアイテム、土台になる枠はひろった枝4本を組み合わせ、グルーガンと麻ひもで固定したもの。そこにたて糸（写真は麻ひも）をかけ、あとは小枝や葉っぱ、ベランダのグリーンなど、その場にあったものをよこ糸代わりに、思うままに織り込んでいくだけなのですが、仕上がりは存在感たっぷり。部屋に飾っておくだけで、自然素材ならではの素朴なあたたかさで周りをなごませてくれるし、インテリアのアクセントにもなります。
　その他、ハーブを織り込んでおけば同時に良い香りを楽しめるし、ワイヤープランツをさせば鉢代わりにも。枠組みは一度作ればずっと使えるので、生葉や花が枯れてしまったら、違うものに織り変えて、また飾れば良し。糸を織り重ねるだけでなく、こんな手織りの楽しみ方も面白いものです。あなたも身近な自然素材を集めて、はじめてみませんか？

正方形の枠に、たくさん並んだちいさなクギ。織り機の姿を見ると、作るのがちょっぴり大変そうに見えるかもしれませんね。でも、ごらんの織り機、もとは木の枡と100円ショップで購入したフォトフレームと、身近なもの。他にも、木製で縁（枠）があり、クギが打てる正方形のものならなんでも使えます。クギだって簡単に打ち込める小さくて細いものなので、思いのほか簡単にできあがります。

なにより魅力なのは、この織り機を使うと、変わった織り地が作れるところ。一般的な平織りは、たて糸とよこ糸が ✛（プラス）の形に交差していますが、この織り機を使うと織り目が ✕（バッテン）の形に交差した、独特の織り地ができるのです。織り方自体も変わっていて面白いので、この機会にぜひ挑戦してみて。もちろん、普通の平織りもOK。それも、ほかの織り機を使うより、ラクしてきれいな正方形に作れるので、手織りはじめてさんにおすすめの織り機でもあります。

Chapter 4
FRAME
Handloom
フレーム織り機

SMALL DRAWSTRING BAG

ちいさなきんちゃく 4姉妹

How to make ▶ P.74

×状に織りあがるフレーム織り機ならではの織り目も
たて糸をかけるクギの間隔や、使う糸がちょっと変えれば
ごらんの通り、さまざまな表情を見せてくれます。
ちびきんちゃくなら、そんな織り地の雰囲気を手軽に味わえるし、
なにより、モチーフ2枚で簡単に作れるのがうれしい。
お友だちへのプチプレゼントにしても、喜んでもらえそうです。

WATERMARKED COASTER

すかし飾り織りの
コースター

How to make ▶ P.78

フレーム織り機は、スタンダードな平織りにも使えます。
それも、しっかり目を詰めたものからザクっと粗い織り目まで
自由自在にアレンジOK。和紙素材の糸をザクザク通して織り、
織り目のすき間に毛糸をステッチしたコースターは
和・洋・エスニック…と、料理やお部屋のムードを選ばず使える
無国籍な雰囲気がお気に入りです。

PETITE BAG

CLUTCH BAG

モチーフつなぎの
プチバッグと
クラッチバッグ

9色の麻糸でモチーフを織り、思いのままつなげて1枚に。
それを2枚作って周囲をグルリとまつったら、
カラフルなバッグの誕生です。
持ち手をつけて（イラストボード織り機で作ります）手さげにするも良し。
二つ折りにしてボタンと巻きひもをつけ、クラッチにしても良し。
モチーフをたくさん作るのはちょっと大変だけれど
できあがったときの喜びはひとしおです！

How to make ▶ P.77

TABLE MAT

千鳥格子の
テーブルマット

定番人気の千鳥格子は、模様の大きさ、形を均一に
きれいに織るのが結構難しいのですが
このフレーム織り機を使うと、ごらんの通り！
ラクラク簡単に、きれいに仕上がります。
色違いの2色の毛糸を使って、たくさん織ってみました。
無地も何枚かプラスして、左ページ同様バッグやポーチにしても。

How to make ▶ P.76

Let's make and weave a Little Handloom!

作ってみましょう！

たて糸をかけたら、そこに上→下→上と
交互によこ糸を通して形にしていく"手織り"。
基本の作業は同じでも、織り機によって
糸の使い方や織り方は、ちょっとずつ変わります。
ここでは、本書で使った織り機全6種類の
仕組みや作り方、織り方をたっぷりご紹介しました。
気になる織り機から、さっそくはじめてみて！

ちいさな織りに必要な道具たち

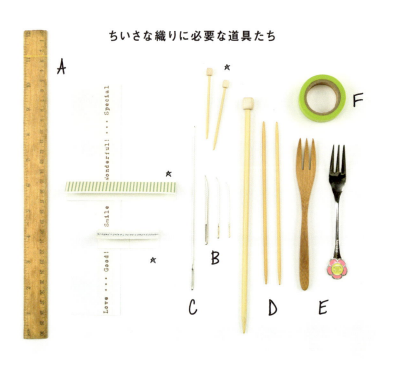

その他の道具と必須アイテム

布補修ボンド

フリンジの始末や糸端を押さえるときに使うボンドは、これがおすすめ。ペースト状なので液だれがなく、自然乾燥もOK。アイロン接着もOK。細ノズルつきとチューブ状の2タイプがあります。洗濯も可能。／クロバー

A 幅紙兼たて糸ささえ

幅紙は、フリンジに必要なたて糸の端の長さを取っておくと同時に、織りはじめや終わりのガイドライン（目安）となる道具のこと。ちいさな織り機の場合は、幅紙をセットすることでたて糸がピンと張り、作業しやすくする役目も。ウッドボード織り機とボックス織り機で使います。厚紙を織り機幅より少し長めにカットして作りますが、ウッドボード織り機の場合は厚紙を二つ折りにして使うと、さらにたて糸が安定します（★）。ボックス織り機の場合は定規で代用可。

B とじ針

ほぼすべての織り機でよこ糸を織るときに使うほか、糸の始末に使います。針先がカーブしたタイプがおすすめ。毛糸や麻ひも用には針穴が大きめのものを、細めの糸には針穴が小さめのものを…と、何本かそろえておくと便利。／クロバー

C 織り針

ボックス織り機やフレーム織り機（平織り）などで幅の広い作品を織るときは、長めの織り針があると重宝。一度にたくさんのたて糸をすくえるので、手早く効率よく作業できます。／DARUMA

D そうこう（編み棒、手編み用待ち針）

そうこうとは、よこ糸を通すとき、たて糸を交互に一本一本ひろう手間を省くための用具。ボード織り機とボックス織り機で使い、作業中、織り機とたて糸の間にはさんでおきます。短めの編み棒や手編み用の木製待ち針（★）が便利。織り機の幅に合わせて使い分けましょう。／クロバー

E フォーク

織り目を詰めたり整えたりするときに使います。本来は糸を傷つけない木製がおすすめですが、織り地が小さく細い糸を使う場合は織り目にフォークの先が入らないので、先端部分が細い金属製のものを。織る糸によって使い分けましょう。

F マスキングテープ

たて糸の端を織り機に貼っておいたり、切り込みからはずれやすいたて糸を押さえておいたり、糸以外の素材（リボンやテープなど）をたて糸に使う際、織り機に固定しておくのにも使います。粘着が弱いのではがしやすく、糸がベタつく心配もありません。

リペアフック

片側がかぎ針、もう片方が棒針状になった編み目修正用の道具ですが、織りでも活躍。織り方を間違えて糸をほどくとき、糸端の始末や織り目を整えるときをはじめ、さまざまな細かい作業にとっても重宝。／クロバー

アフガン針

フレーム織り機でクロス状に糸をかけて織りすすめる"バッテン織り"の際、欠かせないのが、全体の太さが同じで、従来のかぎ針より少しスリムなアフガン針。8号くらいがおすすめです。織り機の一辺サイズが15cmを超える場合は、長いタイプのアフガン針を。従来のかぎ針を使う場合は、細めで全体の太さがなるべく均一のものを選んで。／クロバー

Lesson 1
ボード織り機

最初に登場するのは、板状の材料で作るちいさな織り機2種。
使う糸や織りたい形に合わせて、使い分けましょう。

ウッドボード織り機

あのかまぼこ板が、かわいくて便利な織り機に変身！
3〜4cm幅のフリンジ付きのアイテムがいろいろ作れます。

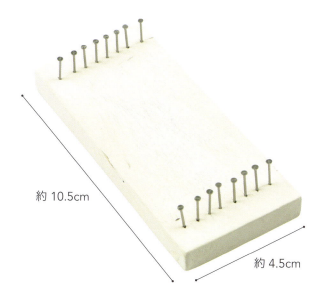

約10.5cm / 約4.5cm

材料と道具

かまぼこ板
ホームセンターで売られている木っ端（木材をカットした後の切り端）でもOK。

クギ
細くて打ちやすい「こびょう」（長さ19mm）を。

a：定規
b：カナヅチ（ちいさな工作用でOK）
c：キリ
d：鉛筆

織り機を作るときは…

- かまぼこ板は、残った身をしっかり落としてきれいに洗い、十分乾燥させましょう。
- 木っ端の場合は、好きなサイズのものを選んでかまぼこ板と同じ作り方で作ります。
- 色をつけたい場合は、アクリル絵の具で全面を2〜3度塗り、乾かしてから使います。

織り機の作り方

1 クギを打つ位置に印をつける。板の短辺の端から1cmのところに線を引き、左右の端5mmをとって約5mmの等間隔で線上に点印をつける（かまぼこ板は計8箇所。木っ端の場合はサイズに合わせて増やして）。反対側も同様に。

2 クギが打ちやすいよう、点印にキリで軽く下穴をあける。下穴をあけたら、引いた線や印は消しゴムで消しておく。

3 2にクギを打つ。クギの高さはそろえて。先が8mmほど板に入り、グラグラ動かなければOK。両端にそれぞれ8本打ったら、織り機は完成！

Let's weave!

さあ、織ってみましょう！

Lesson 1 ボード織り機

基本の織り方　★たて糸をかけます

織り機にたて糸をかけるため、糸端にループを作る。
1 まず糸端側を下にしてクルッとわっか状にする。
2 長いほうの糸をわっかの中に入れて、つまみ出して…
3 ギュッと引き締めて、ループを作る。

4 3のループ部分を織り機の右上端のクギにかけ、しぼってループを締め、しっかりかける。

5 続いてたて糸を下に引き、右下端のクギにかけたら、今度は上に引いて右上2番めのクギにかける。

6 2番めのクギにかけたら、また下に引いて…と上下のクギ交互に、たて糸をかけていく。糸はたるまないよう、ピンと張って。

7 すべてのクギにたて糸をかけ終わったら、最後にたて糸を左下端のクギにクルッとふた巻きする。

8 糸端は、織り機の側面でマスキングテープを貼って固定し、余分をカットする。これでたて糸のセットは完了。

★そうこうと幅紙をセット

9 そうこう（P.34参照。写真は手編み用待ち針）を1、3、5…とたて糸の奇数の目をひろいながらくぐらせる。

10 最後までくぐらせたら、織りあがるまで入れたままにする。幅紙は、たて糸をすべて上にして、二つ折りの山のほうを下（下のクギ側）にして入れる。

11 幅紙を入れたら、上端のラインが希望のフリンジの長さになるように合わせてセットしておく。

★よこ糸を通して織ります

12 とじ針によこ糸を通し、そうこうですくったのと同じ奇数の目に通す。よこ糸は長すぎると織りづらいので、最初は50～60cmにカットして。慣れてきたら長さを調節するといい。

13 通したら、糸端を5cmほど残して糸を引き、指でよこ糸を持ち、下側に引き寄せる。

  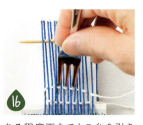 

14 ピンとまっすぐに張って、幅紙の上のラインに合わせる。これで1段織れた。

15 今度はとじ針で左から2、4、6…と、偶数の目をひろってくぐらせて糸を引く。

16 ある程度下までよこ糸を引き寄せたら、フォークで下に下げながら織り目を整える。

17 これで2段織れた。よこ糸は左右（横）に引っぱると織り目がつれたり狭くなったりするので注意。必ず指でふんわりと下に引き寄せ、フォークで詰めながら整えて。

★ たて糸を始末します

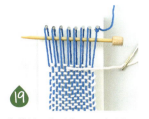

18 12〜17の作業を繰り返して織りすすめ、好みの長さに織りあがったら糸端を織り込んで始末する。糸端を、いちばん最後の段とひとつ手前の段の間に、手前の段と同じたて糸のすくい方で通す。

19 糸端は、たて糸5〜6本くらい通し、残った糸端は、糸を少し寝かせながらハサミでカットする。

20 織りはじめのよこ糸も織り終わりと同様にたて糸に通し、残った糸端をカットする。

21 織りはじめ、織り終わりともに、たて糸とよこ糸が交差している箇所にボンドをつけてとめる。細かい部分なので、つまようじにボンドをつけて作業するとやりやすい。

22 ボンドがある程度乾いたら、織り機からはずす。たて糸を少し引っぱってクギの頭から浮かせてはずすと、はずしやすい。

23 織り機からはずしたら、糸先のわになっている部分を切り離す。

24 好みの長さに切りそろえる。長さがそろうか心配な場合は、定規を当てながらまっすぐカットを。織り地が丸まってしまう場合は、スチームアイロンを当てて平らに整えるといい。

Finish! できあがり！

織るときのPOINT

1 よこ糸をつぎ足すときは

よこ糸をつぎ足す場合は、織り地の端ではなく、なるべく真ん中で。新しいよこ糸を、前の糸の6目ほど手前から通し、つぎ目を重ねて織る。両方の糸端は、仕上げのときにカットして。

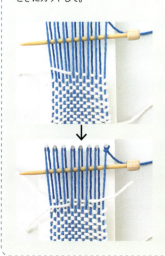

2 よこ糸の色や種類を変えるときは

まず、前の糸の糸端を織り終わりのときと同様に織り込んで始末。始末したほうとは逆の端から、違う色の糸で再び織りはじめる。糸端は、2段めを織るときに一緒に織り込んでおく。

3 片側だけフリンジをつけたいときは

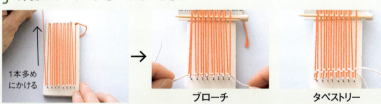

1本多めにかける / ブローチ / タペストリー

ブローチやタペストリーはこの方法で。たて糸をかける際、糸端が両方とも同じ側になるようにかけ（基本のかけ方はP.36 1〜6参照）、糸端のない側（たて糸の端がすべてわっか状になっているほう）から織りはじめる。その際、ブローチの場合はフリンジ分をとらず、クギのすぐ際から織りはじめる。タペストリーの場合は、飾る際に通す枝などの太さ分をとって、織りはじめる。

Lesson 1 ボード織り機

イラストボード織り機　1. 基本

イラストボードをカットしてピンを打ったら、もう織り機が完成。フリンジなしのものやアルファベット、三角など、好きな形を織りたいときにおすすめ。

形は自由自在！

材料と道具

織り機を作るときは…

- ☑ 好きな形、サイズで作れますが、最初は3〜5cm角程度の正方形や長方形がおすすめ。
- ☑ イラストボードが手に入らない場合は、厚紙2枚の間にダンボールをはさんで貼り合わせ、ダンボールの厚み部分にボンドを塗り乾かして、ピンが刺せるようにして利用してみて。

a：イラストボード
　（厚さ2mmのもの、作りたいサイズ×2枚分）
b：手芸用（または木工用）ボンド
c：マップピン

d：定規
e：鉛筆
f：カッター
g：カッターマット

＊イラストボードは紙を厚紙（板紙）に貼り合わせたもので、文具や画材店などで手に入る。マップピンは地図で位置を示すときに使われる頭部が小さめで針が細めの画びょう。これも文具店や大型店などで手に入る。

織り機の作り方

1 イラストボードを1枚、織りたいサイズにカットしたら（写真は4×4cm）、片面にボンドをたっぷりめに塗り広げる。

2 1を別のイラストボードに貼り合わせる。縁がそらないよう、重石がわりにペットボトルなどをのせておくといい。

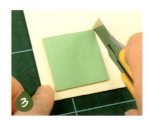

3 ボンドが乾いたら、1のラインに沿ってカッターでカットする。

4 3の上下端に、たて糸をかけるためのピンをセットすれば織り機の完成。

下準備　★ピンを打ちます

1 ピンは使う糸の太さ（今回は並太毛糸使用）に合わせ、ボードの上下端に等間隔で必要本数打つ。一方の両端から3〜4mmのところに1本ずつ打つ。

2 並太毛糸程度の糸の場合は、ピンを打つ間隔は5〜6mm間隔が目安（極太毛糸なら1cm間隔）。まず1に続けて、真ん中に1本打つ。

3 続けて、2で打ったピンの左右に5mm間隔でピンを打つ。間隔はピッタリ同じでなくても（1mm程度の差なら）大丈夫。

4 反対側にも同じように7本打ったら、準備完了。

基本の織り方　★ たて糸をかけます

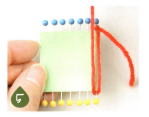

5
たて糸の端にループを作り、右上端のピンにかけてループをしぼったら（P.36 プロセス1〜4参照）、右下端のピンにかけ、再び上に引く。

6
続けて右上2本めのピンにかけたら、下の2本め→上の3本めと、上下交互に糸をかけていく。

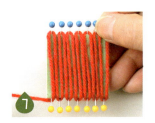

7
左下端のピンまできたら、ピンの根元で糸をクルッとひと巻きする。

8
糸端は、マスキングテープで織り機の裏側にとめ、余分をカットしておく。

★ よこ糸を通して織ります

9
とじ針によこ糸を通し、1、3、5…とたて糸の奇数の目をひろいながらくぐらせる。

10
よこ糸を通したら糸端は約5cm残して引き、フォークで下に寄せる。

11
そのまま、ピンに沿うように織り機の縁ギリギリまで詰める。これで1段織れた。

12
今度は左から2、4、6…と、たて糸の偶数の目をひろってよこ糸をくぐらせる。

13
糸を通したら、フォークでしっかり織り目を詰める。これで2段織れた。9〜12を繰り返し、どんどん織りすすめる。

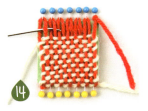

14
8割程度織ったところ。糸をつぎ足すとき、色を変えたいときはP.37を参照して作業を。

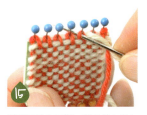

15
織りはじめ同様、織り終わりもピンの縁ギリギリまで糸を通しながら織る。

★ 糸端を始末します

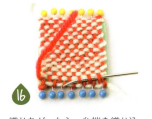

16
織りあがったら、糸端を織り込む。糸端は、いちばん最後の段とひとつ手前の段の間に、ひとつ手前の段と同じたて糸のすくい方で5〜6目通し、余分な糸をカットする。

17
たて糸端も始末する。とじ針に通したら端のピンをとって、隣のたて糸の織り目に数目通す。

18
余分な糸をカットする。同様に、もう一方のたて糸の糸端も始末したら、ピンを全部とって、織り地からはずす。

Finish!
できあがり！

memo
織り地の裏表について

織り地は基本、作業しているときに裏側になっているほうを表とします。ただ、見比べてみて気に入ったほうを表にしたい場合は、糸始末をし、糸をカットする前に織り機からはずして両面をチェックし、裏にしたい側に糸端を出してカットします。

39

Lesson 1 ボード織り機

イラストボード織り機　2. 袋織り

ピンの打ち方を少し変えると表→裏と織り機をクルクル回しながら織るだけでフタつきの袋型に！カードケース〜ポーチくらいの大きさまで作れます。

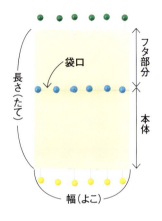

織り機を作るときは…

織り地（完成品）の中に入れたいものに合わせて、フタと袋本体のサイズを出します。

● 幅（よこ）
入れたいものの幅プラス 2cm 以上
＊横にマチをつけたいときは、その分のサイズも足します。

● 長さ（たて）
下記の2つの合計が、織り機の長さ
本体…入れたいものの高さプラス 1.5cm 以上
フタ…希望のフタの長さ

ピンの打ち方について

作りたいサイズに織り機を作ったら、上下端、袋口の順に必要数を打った後、左下の角に 1本ピンを打ちます。袋口のピンが打ちづらいときは、カナヅチで軽く打ち込んでみて。

＊写真の織り機のピンの間隔は、左右端各 3〜4mm、中は約 1cm 間隔〜極太毛糸使用

袋織りの織り方　★ たて糸をかけます

🍃 必要な材料と道具、基本の作り方は、基本の織り機と同じです

1 たて糸にループを作ったら、袋口右端のピンにかけ、糸端をマスキングテープでとめる。そのまま織り機の右下を通って、裏側に糸を回す。

2 右上のピンに糸をかけたら、糸を下に向ける。裏から見るとこんな感じ。

3 右下のピン 1本めと 2本めの間に通して、袋口 2番めのピンにかける。再び糸を下に引いて裏に回し、上のピン→下→袋口のピンの順にかけていく。

4 1〜3を繰り返して全部糸をかけたところ。続けて、糸を引いて左下に向ける。

5 左下角のピンに糸をかけ、手前のたて糸に通して結ぶ。糸端は数 cm 残して余分をカットする。

★ そうこうをセットします

6 まず織り機の表面に、そうこうを、たて糸の奇数の目をすくいながら通す。

7 裏返して裏面にも通す。表は、そうこうがたて糸の下を通っているので、こちらはたて糸の上から通す。

★ よこ糸を通して織ります

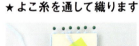

8 織り機の表からスタート。1段めは織り機の左から、そうこうとは違うたて糸を交互にすくってよこ糸を通す。

9 通したらフォークで糸を下におろし、織り機の底までしっかり詰める。ここが本体の底になる。続けて織り機の右からそうこうと同じ目をすくって糸を通す。

10 フォークでしっかりと詰めたら織り機を裏返し、表と同様によこ糸を通す。これで 2段め。9〜10を繰り返して織りすすめる。

11 5〜6段織ったら、下のピンを全部はずす。

12 続けて、織り機の底部分をチェック。ここが本体の底になるので、すき間があかないよう、しっかりと織り目を詰めておく。

★ 織り機からはずして仕上げます

⑬ 再び織りすすめ、袋口のところまで織ったら、袋口のピンをはずす。

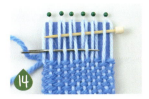
⑭ ここからは、織り機の裏（フタにあたる部分）を織りすすめる。

⑮ ピンの際ギリギリまで織ったらピンをはずし、織り地を少しずつずらしながら、織り機からはずす。

⑯ 織り地を裏返して両方をチェックし、表にする面を決める。

⑰ 裏側にするほうに糸端を出し、始末する。底部分の角の糸はひと結びして…。

⑱ 周囲の織り目に何目か通してから余分をカット。ほかの糸も同様に。

Finish! できあがり！

Lesson 2
ボックス織り機

ボックスの縁にグルリと、たて糸をかける切り込みを入れるだけ。
たてとよこで切り込みの間隔を変えて作ると
これ1台で細い糸から毛糸まで、使いわけて織れるので便利です。

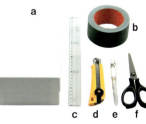

切り込み 5mm 間隔 = 細い糸用
切り込み 8〜9mm 間隔 = 太い糸用
このボックスのサイズは、16cm×20cm、高さ 8cm

織り機を作るときは…

☑ ボックスは、縁に切り込みを入れてもへたれない程度に丈夫なものを。
☑ 高さは3cm程度〜、たてよことも長さが最低10cm以上あれば、コースター程度のものが作れます。用途や好みに合わせて形や大きさを選びましょう。
☑ フタ付きのものだと、織り機として使わないときは道具の収納箱として使えて便利です。

材料と道具
a：フタつきの紙製ボックス
b：布ガムテープ
c：定規　　d：カッター
e：ペン　　f：ハサミ

織り機の作り方

① 布ガムテープの真ん中に数箇所、ペンで印をつける。

② つけた印を箱の縁に当てながら、テープを貼っていく。

③ グルッと一周貼ったら1cm重ねてテープをカットして貼り合わせ、箱の4隅のテープに切り込みを入れる。

Lesson 2 ボックス織り機

④ 切り込みを入れたテープを箱の内側に折って貼る。角の部分は、指で角を広げながら貼るときれいに貼れる。

⑤ 箱の縁に切り込みを入れるための印をつける。向かい合う辺同士を1組と考え、それぞれ切り込みの間隔を変える。こちらは約8〜9mm間隔に。

⑥ もう一組の辺は、5mm間隔に印をつける。

⑦ ⑤と⑥にカッターで切り込みを入れたら、できあがり。切り込みの深さは1.5cmくらいを目安に。

基本の織り方 ★たて糸をかけます

① 使う糸の太さに合わせて使う辺を決める。かけはじめは織りたい幅がとれればどこでもOK。右上の切り込みにかけ、同じ位置の下の切り込みにかける。

② 続けて、隣の切り込みに糸をかけ、糸を張って再び上側の切り込みに…と、繰り返す。

③ 織りあがった際に少し幅が狭くなるので、たて糸は織りたい幅プラス1目多めにかける。かけたら、そうこう(編み棒)をたて糸の奇数目をくぐらせて通す。

④ 幅紙兼たて糸ささえ(定規)も希望のフリンジの長さをとった位置にセットする。その際、織り機の両端に乗せるようにセットすると安定し、たて糸もピンと張って作業しやすい。

★よこ糸を通して織ります

⑤ 織り針によこ糸を通し、そうこうですくったのと同じ奇数の目に通す。よこ糸は長すぎると織りづらいので、最初は70〜80cmにカットして。慣れてきたら長さを調節するといい。

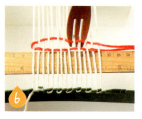

⑥ よこ糸を下側に引き寄せ、幅紙(定規)のラインに合わせたら、今度は2、4、6…と、偶数の目をひろってくぐらせ、フォークで詰めて織り目を整える。⑤〜⑥を繰り返して織りすすめる。

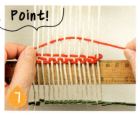

Point!
⑦ よこ糸を下に下げるときは、端のたて糸との接点を指で押さえながら。糸を引っぱりすぎると糸がつれたり、織り幅が狭くなったりするので気をつけて。

Check!
⑧ たて糸が詰まって、織り幅が狭くなってきたときは、フォークで横に広げて微調整を。調整の後は、たて糸がまっすぐ張っているかの確認も忘れずに。

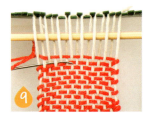

⑨ 織りあがったら、糸端をいちばん最後の段とひとつ手前の段の間に、手前の段と同じたて糸のすくい方で通し糸始末をする。織りはじめのよこ糸も同様に。

⑩ たて糸を1本ずつはずしながら、たて糸がよこ糸の上になっている目からボンドでとめる。たて糸を軽く持ち上げ、交差しているよこ糸にボンドをつける。

⑪ 反対側のたて糸も同様にボンドでとめ、織り機からはずす。織り地を裏返して⑩で接着していないたて糸もボンドでとめる。乾いたら糸端を切りそろえて。

Finish!
できあがり!

Lesson 3
カード織り機

厚紙をカットして、ほんの少し細工するだけでOK。
おすすめの2タイプをご紹介します。

巻き織り用織り機

対角線上にたて糸をかけ、
そこにクルクルよこ糸を巻きながら織ります。
大きさは、作りたいものに合わせてアレンジOK!

8本　　　　12本

織り機を作るときは…

織り機の大きさは好みでOKですが、ボタンを包む場合のみ、ボタンの直径の2倍サイズの織り機で織り地を作って。たとえばボタンが直径2cmなら織り機は直径4cm。たて糸数も好みですが、太めの糸は8本、細めは12本がおすすめ。

筒織り用織り機

用途に合わせ、さまざまなサイズの筒型が織れます。
ここでは、指輪用サイズの作り方をご紹介します。

織り機を作るときは…

織るために必要な織り機の長さは5cm程度ですが、その3倍くらいで作っておくと作業しやすく便利（写真は15cm）。表面に巻くハギレは、とじ針がたて糸をすくうためのすべりどめ用。素材はなんでもOKですが、厚手すぎると指輪のサイズが大きくなるので注意。

材料と道具

a：厚紙
　（パンストの芯やケーキボックスなどを利用）
b：定規　c：ハサミ　d：鉛筆

● 巻き織り
　e：コンパス　f：分度器　g：キリ
● 筒織り
　h：両面テープ　i：テープ　j：ハギレ

織り機の作り方

★ 巻き織り用

1. コンパスで作りたいサイズの織り機の円を描く（写真は直径4cm）。

2. 分度器と定規を使って、1にたて糸をかけるためのガイドラインを書く。ここでは45度ずつ8等分に線を引く。

★ 筒織り用

1. 厚紙を巻いて丸め、両手でねじるようにしながら徐々に小さい筒状にする。

2. 作りたい指輪サイズくらいまで丸めたら、手持ちの指輪をはめて、巻きを固定。

3. 2の巻き終わり部分にテープをとめたら、ハギレを貼るための両面テープを貼る。

3. ラインに沿って2を丸くカットしたら、8等分したラインの縁に、たて糸をかけるための切り込みを入れる。深さは2～3mmを目安に。

4. 3の真ん中にキリで穴をあけたら織り機の完成。

4. テープの剥離紙をはがしてハギレを貼る。ハギレは筒の端まで全部覆わなくても大丈夫。

5. クルッと一周巻いたら、貼りしろを取って余分をカットする。

6. ハギレのほうに両面テープを貼り、織り機に貼りつけたら完成。

Lesson 3 カード織り機

巻き織りの織り方 ★たて糸をかけます

1. とじ針に糸を通し、真ん中の穴に通して糸端を裏に出す。

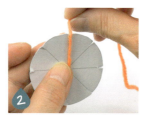
2. いったん針を抜き、裏で糸端を押さえながら糸を張って切り込みにかける。どの切り込みからはじめてもOK。

3. 続けて右隣の切り込みにかけたら対角線上に糸を張って、のばした先の切り込みにかける。

4. 続けて右隣の切り込みにかけ、再び糸を張って、対角線上の切り込みにかける。

5. すべての対角線上を1回ずつかけたところ（最初のみ線の半分糸がかかっていない状態）。

6. 2〜4を繰り返し、もう1回ずつ糸をかける。

7. 2本ずつ糸をかけたところ（かけ終わりのところのみ1本の状態）。

8. 裏を見て、すべての切り込みに糸がかかっていればOK。糸端は、7でよこ糸をかけ終えた切り込みの2つ先（表側の織りはじめ★）の切り込みに向けてマスキングテープでとめておく。

★必要分のよこ糸をとります

9. 織り機の上で糸を詰めながらクルクルと巻いていく。

10. 織り機を覆うまで巻いたら、さらに4〜5周して糸をカットする。

★よこ糸を巻きながら織ります

11. とじ針に糸を通し、糸を織り機の中心に向けて張って指で押さえたら、かけ終わりのたて糸の2本先（直角の位置）のたて糸を、糸の手前からすくう。

12. そのまま糸を通して引いたところ。こうなっていればOK。

13. 再び同じたて糸を手前からすくい、同時に1本先のたて糸もくぐって糸を通す。

14. 13で通した糸を引いたところ。こうなっていればOK。あとは13〜14を繰り返してどんどん織りすすめる。

15. グルッと一周織ったところ。よこ糸を通して巻いたら、巻き目がたるまないよう適度に引き締めながら織る。

16. 半分くらい織ると、たて糸に巻いたよこ糸が模様のように浮き上がってくる。よこ糸は引っぱりすぎず、織り地のラインに沿うようにするときれいな仕上がりに。

⑰ 織り目を指で下げながら針を通し、ギリギリまで織りすすめる。織り終わりは⑧で印をつけた織りはじめの1本手前のたて糸を目安にして（1～2目の違いはOK）。

⑱ 織りあがったら、切り込みにかけたたて糸をはずす。

Finish! 織りあがり！

このままで使う場合は、よこ糸の端を裏側でたて糸（どのたて糸でも可）に数目通し、余分をカットする（始末の仕方は作り方 P.65参照）

🔵 筒織りの織り方はP.67をごらんください

織るときのPOINT

1 よこ糸がからむときは

糸を通すとき、織り機の裏を上にして高めに持ちながら糸を引いて通すと、スムーズに通しやすい。

2 糸のよりを戻すときは

織り機から20cmほど離してよこ糸を持って放してみて。織り機がクルクルと回転して、よりが戻る。よりが気になるごとにやってみて。

2 よこ糸が足りなくなったときは

①新しい糸をとじ針に通し、織り終わりのたて糸を手前からすくって通し、②再び同じたて糸をすくって→しっかりと糸を引き、巻きつける。
③あとはそのまま同様に織りすすんで。織り終わったら、糸端は2本とも裏側に引き出し、1.5cmほど残して余分をカットする。

Check

つつみボタンの仕上げ方

1. 織り地を指でカップ状に丸めたら、
2. 中に裏を上にしてボタンを入れる。
3. とじ針によこ糸を通し、織り地の端（切り込みにかけていたたて糸部分）を交互にすくって…
4.
5. 糸をギュッとしぼる。そのまま何回か縫いしぼって玉どめしたら、余分な糸をカットする。

Finish! できあがり！

45

Lesson 4
フレーム織り機

市販のフォトフレームなど、四角い枠を利用して作る織り機。
モチーフ状の織り地が、どんどん作れます。
織り目が ✕（バッテン）状になる独特の織り方が楽しめるのも魅力！

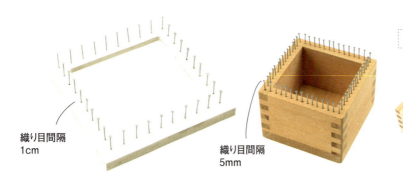

織り目間隔
1cm

織り目間隔
5mm

材料と道具

木の枡

正方形フォトフレームの枠部分
作り方はこちらを白くペイントして使用

クギ
（こびょう）

織り機を作るときは…

クギが打てる木製で正方形の枠があるものなら、なんでも利用できます。サイズもお好みですが、最初は 8〜10cm 角程度を。写真のフォトフレームの枠や木の枡がおすすめですが、100円ショップ見かけるボックスや木の器など、使える素材は意外に多いので、探してみて。

こんなものも利用OK!

a：定規
b：カナヅチ
c：キリ
d：鉛筆

織り機の作り方

1 フレームに等間隔でクギを打つ印をつける。なるべく枠の幅の真ん中あたりで、どの辺でも同じ間隔数がとれる場所に線を引く。内枠の両端より少し大きめに線を引く感じで見るとよい。

2 クギの間隔は、5mm〜1cmが目安（間隔が狭いほうが細かく詰まった織り目になる）。ここでは1cm間隔に点印を。

3 クギが打ちやすいよう、点印にキリで軽く下穴をあける。下穴をあけたら、引いた線や印は消しゴムで消しておく。

4 2にクギを打つ。クギの高さはそろえて。先が 8mm ほど板に入り、グラグラ動かなければOK。これで織り機は完成！

★ たて糸をかけます

織り方 ❶
バッテン織り

織り機は回転させながら作業しています。途中で織り機の上下がわからなくなったら、織りはじめの位置につけた★印を起点にごらんください。

1 たて糸の先にループを作って（P.36参照）織り機の角のクギ①にかけ、ループをしぼって締める。糸は極太毛糸を使用。

2 ①の対角線上に糸を張って角のクギ②にかけ、ひと巻きする。

3 続けて右隣のクギ③にかけたら、再び下に向かって糸を張る。

4 ③と同じ線上のクギ④にかける。糸はピンと張っておいて。

★ **たて糸をかけながら、よこ糸を通して織ります**

⑤ アフガン針（かぎ針）に糸をかけ、最初のたて糸（①〜②）の下をくぐらせる。

⑥ 糸を引いて反対隣りのクギ⑤にかける。

⑦ 糸を針に引っかけたまま反対側に糸を張って、⑤と同じ線上のクギ⑥にかける。

⑧ そのまま糸を引いて、③の隣のクギ⑦にかける。

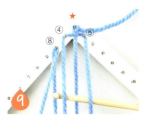

⑨ 再び反対側に糸を張り、④の隣のクギ⑧にかけたら、奇数のたて糸の下をくぐらせてアフガン針（かぎ針）を入れ、糸を引っかける。

⑩ そのまま引き出し、クギ⑨にかける。

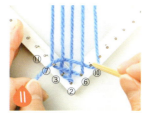

⑪ 再び糸を反対側に張って、クギ⑩にかけたら、糸を引いてそのまま⑦の隣のクギ⑪にかける。

⑫ 再び反対側に糸を張って、次はクギ⑫にかける。

⑬ 続けて奇数のたて糸の下をくぐらせ、そのまま糸を引き出して⑨の隣のクギに…。この作業を繰り返してどんどん織りすすめる。

Point!

⑭ 糸をかけて通すごとに織り目をフォークで詰めながら、きれいな交差状になるよう整えて。

Point!

⑮ 針がたて糸に入りづらく、一度で全部のよこ糸を通しづらくなったら、何目かずつに分けて作業を。

⑯ 最後の1段まできたら、必要なよこ糸の長さプラス数cmをとって、糸をカットする。

⑰ ⑯を織り針に通し、たて糸の目の交互をすくって通す。

⑱ フォークで織り目全体を整えてから、織り機からはずす。はずしづらいときは金属の細いフォークをさしこんで織り地を引き上げながらはずすといい。

Finish! 織りあがり！

このまま使う場合は、糸端を織り終わりからひとつ手前の織り目に重ねて数目通し、余分をカット（写真上）。何枚かはいで使う場合は、⑯でその際に必要な糸の長さもとっておく。

Lesson 4 フレーム織り機

織り方 ❷
平織り

基本の平織りもOK。たて糸のかけ方次第で織り目もザックリからきつめまでアレンジできます。前ページと同じ1cm間隔の織り機を使って基本の手順をご紹介します。

★ たて糸をかけます

❶ たて糸の先にループを作って（P.36参照）織り機の左下角のクギにかけ、ループをしぼって締める。糸は極太毛糸を使用。

❷ そのまま糸を上に張り、左上角のクギにかけたら、再び下に向けて、❶でかけた隣のクギにかける。

❸ 再び糸を上に張り、上のクギ→下のクギと交互にかけていく。

★ よこ糸の必要量をだします

❹ 今度は糸を織り機のクギの周囲にクルクル巻きつけていく。

❺ 5周巻いたら糸をカットして巻きをはずす。これが、よこ糸の必要量になる。

★ よこ糸を通して織ります

❻ たて糸のかけ終わりのところから織りはじめる。織り針に糸を通したら、たて糸がゆるまないよう糸を引きながら、2、4、6と偶数の目をすくってくぐらせる。

❼ 糸を下げたら、右下角から2番めのクギの上を通り、❻とは逆の奇数の目をすくってくぐらせる。

❽ 糸を通したら、フォークで下に寄せながらしっかり詰める。

❾ 2段織れたところ。右側の糸がクギにかかり、左端の糸が左下角から2番めのクギの下を通っていればOK。

❿ 左右端のクギによこ糸をかけながら、そのつどフォークでしっかり織り目を詰めて、どんどん織りすすめる。

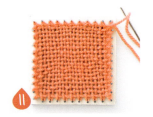
⓫ 全部のクギによこ糸がかかるまで織ったら、織りあがり。

⓬ 織り機から織り地をはずす。クギにかけた部分がはずしづらいときは、フォークを織り目とクギの間に入れ、引き上げながらはずすといい。

Finish!
織りあがり！

糸端を始末するときは、織り終わりからひとつ手前の織り目に重ねて5～6目通し、余分をカットして。

モチーフとして何枚かつなぐ場合は、片側の糸端だけ始末し、もう片方は❹～❺のときに必要分を足してカットしておく。

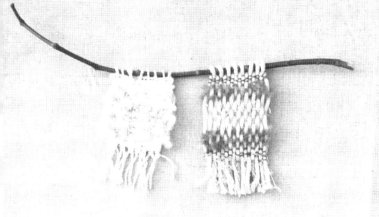

How to make

材料と作り方

作りはじめる前に

糸の分量表記について

糸の使用量が5g以下のものについては、少々と明記してあります。ただし、購入の際は購入最小g数・または個数単位となります。
（少々の表記のあと、カッコで印しているg数、または個数がその糸の最小購入単位ですので、購入の際の参考にしてください）

できあがりのサイズについて

できあがりサイズは、織り機からはずした状態の大きさです。たて糸のはり方や、よこ糸の織り具合など、織り手の個人差によって若干変わる場合があります。若干の誤差があっても、使用に問題はありません。

各作品の織り目について

織り目を詰めたほうがいい糸の場合、逆にゆったりあけたほうがいい場合などは作り方手順のなかに織り方を明記してあります。それ以外のものは、好みで調整してください。

使用織り機について

ウッドボード織り機の作品についてはすべて同じサイズの織り機を使用しています。その他は、各作品のできあがりに適したサイズの織り機を表記しています。作りたいものに合わせて織り機を作り、上手に活用してください。

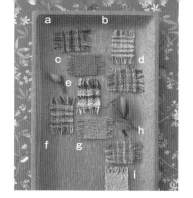

ちいさなマットサンプラー

作品 P.6

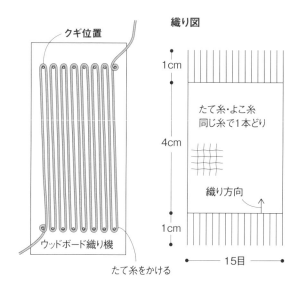

⊙ 使用糸
● たて糸よこ糸
ともにすべて AVRIL　シルクツィード
c サルビア（31）、g ブルー（28）、i グリーンフラッシュ（29）各少々（10 g）
シルクツィード絣
a ブルー（L-9）、b なみ（S-1）、d きく（S-8）、e グレー（L-6）、f わさび（S-7）、h べに（S-10）各少々（10 g）

⊙ その他の材料
布補修ボンド

⊙ 使用織り機
4.5×10.5cm のウッドボード織り機

⊙ セット寸法
すべてたて糸1本どりで 15目
（幅約 4× 長さ 8.5cm）

⊙ できあがりサイズ
すべて 3.5×6cm（フリンジ含む）

⊙ 作り方
1 織り図を参考に織り機にたて糸をかけたら、フリンジ仕上げ分をとってよこ糸1本どりで織りはじめる。
2 織りあがったら、たて糸を始末して仕上げる。
＊ 織り方、仕上げ方は P.36 〜 37 を参照。

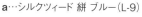
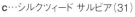

たて糸・よこ糸同じ糸を使用

a…シルクツィード 絣 ブルー(L-9)
b…シルクツィード 絣 なみ(S-1)
c…シルクツィード サルビア(31)
d…シルクツィード 絣 きく(S-8)
e…シルクツィード 絣 グレー(L-6)
f…シルクツィード 絣 わさび(S-7)
g…シルクツィード ブルー(28)
h…シルクツィード 絣 べに(S-10)
i…シルクツィード グリーンフラッシュ(29)

幅紙兼たて糸ささえの作り方

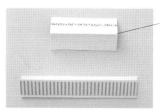

長さ…織り機の幅より左右 1cm 〜長めに
幅…3cm 程度
厚紙を上記のサイズにカットしたら、幅の真ん中のところに折り目をつけ、山折りにして織り機にセットする。

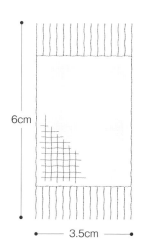

作品 P.13

カードケース

⊙ 使用糸

すべてメルヘンアート　メルヘンスエード
- たて糸　ブラウン　14m巻1袋
- よこ糸　キャラメル　14m巻1袋

⊙ その他の材料

直径2cmのボタン1個

⊙ 使用織り機

幅12cm×長さ13cmのイラストボード織り機

⊙ セット寸法

ピンは約1.2cm間隔で織り機の上とケースの袋口部分に各10本ずつ、下には11本（うち1本は左の角に）打つ。たて糸は2本どり、表裏で39目（幅12cm×長さ13cm）

⊙ できあがりサイズ

12×8.5cm（フタを閉じた状態で）

⊙ 作り方

1. 織り機にたて糸をかけたら、下（底）から織りはじめる。最初は左から右へ1段織り、その後は右から織り、織り機をクルクル回しながら表→裏両面を織りすすめる。
2. 3〜4段織ったら下のピンをすべてはずし、よこ糸をしっかりと下に詰めながら織る。
3. 袋口のピン部分まで織ったら、そのまま続けてフタ部分を織る。
4. 織りあがったらよこ糸を始末して織り機からはずし、裏側でたて糸を始末する。（この織り地は、作業の際に表に見ているほうを、表の織り地にする）
* **織り方、仕上げ方はP.40〜41を参照。**
5. ボタンと回しひもをつけて、できあがり。

できあがり図

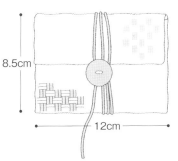

8.5cm ／ 12cm

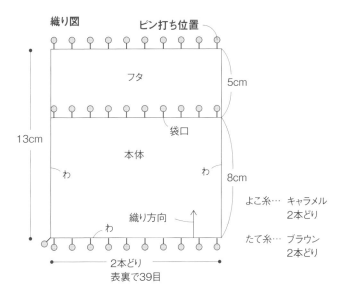

織り図

ピン打ち位置
フタ　5cm
13cm　袋口
本体　8cm
わ　　わ
織り方向
2本どり　表裏で39目
よこ糸…キャラメル　2本どり
たて糸…ブラウン　2本どり

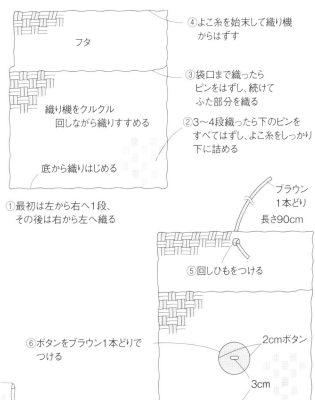

フタ
織り機をクルクル回しながら織りすすめる
底から織りはじめる

① 最初は左から右へ1段、その後は右から左へ織る
② 3〜4段織ったら下のピンをすべてはずし、よこ糸をしっかり下に詰める
③ 袋口まで織ったらピンをはずし、続けてふた部分を織る
④ よこ糸を始末して織り機からはずす
⑤ 回しひもをつける

ブラウン1本どり　長さ90cm

⑥ ボタンをブラウン1本どりでつける

2cmボタン
3cm

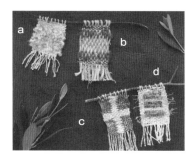

プチタペストリー

作品 P.子

⊙ 使用糸

プチタペストリー a　すべて AVRIL
- ●たて糸　シルクツィード　エクリュ (2)（よこ糸を含む）少々 (10g)
- ●よこ糸　BF リング　ホワイト (01)、コルクシェニール　キャメル (33) 各少々（各 10 g）

プチタペストリー b
- ●たて糸　DARUMA 夢色木綿　ベージュ(16) 少々(1個 25g)
- ●よこ糸　AVRIL 和紙モール キャメル (02)、ウールリング チョコ (16)、スペック レンガ (3173) 各少々（各 10g）

プチタペストリー c　すべて AVRIL
- ●たて糸　シルクツィード　エクリュ (2)（よこ糸を含む）少々 (10g)
- ●よこ糸　スペック サックス (705)、少々 (10 g)

プチタペストリー d　すべて AVRIL
- ●たて糸　シルクツィード　エクリュ (2)（よこ糸を含む）少々 (10g)
- ●よこ糸　スペック サックス (705)、ウールリング サンド (17)、和紙モール キャメル (02)、各少々（各 10 g）

⊙ その他の材料

布補修ボンド、タペストリーを通す小枝

⊙ 使用織り機

4.5×10.5cm のウッドボード織り機

⊙ セット寸法

a・b・c・d ともにたて糸1本どりで16目（幅約 4 × 長さ 8.5cm）

⊙ できあがりサイズ

a 4×7cm、b 4×8cm 、c 4×8cm、d 4×7.5cm（すべてフリンジ含む）

⊙ 作り方

1. 織り機にたて糸をかけたら、枝に通すループ分約 7mm をとってよこ糸1本どりで織りはじめる。
2. a・b・c・d それぞれ織り図を参考によこ糸を変えて織りすすめる。
3. 織りあがったら、たて糸を始末して仕上げ、1 で残したループに小枝などを通して飾る。

* **織り方、仕上げ方は P.36 ～ 37 を参照。**

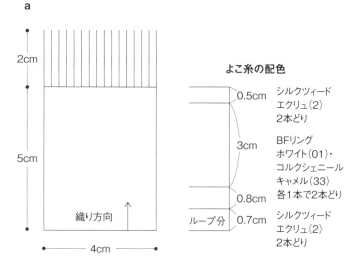

織り図

a

たて糸シルクツィード エクリュ(2)1本どり16目

織り機にたて糸をかけ、枝に通すループ分約7mmをとってよこ糸2本どりで織りはじめる(bは1本どり・c・dも同様)

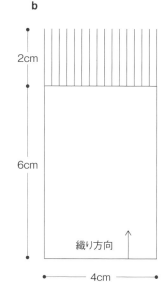

b

たて糸DARUMA
夢色木綿ベージュ(16)
1本どり16目

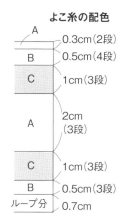

よこ糸すべて1本どり

A…和紙モール キャメル(02)

B…スペック レンガ(3173)

C…ウールリング チョコ(16)

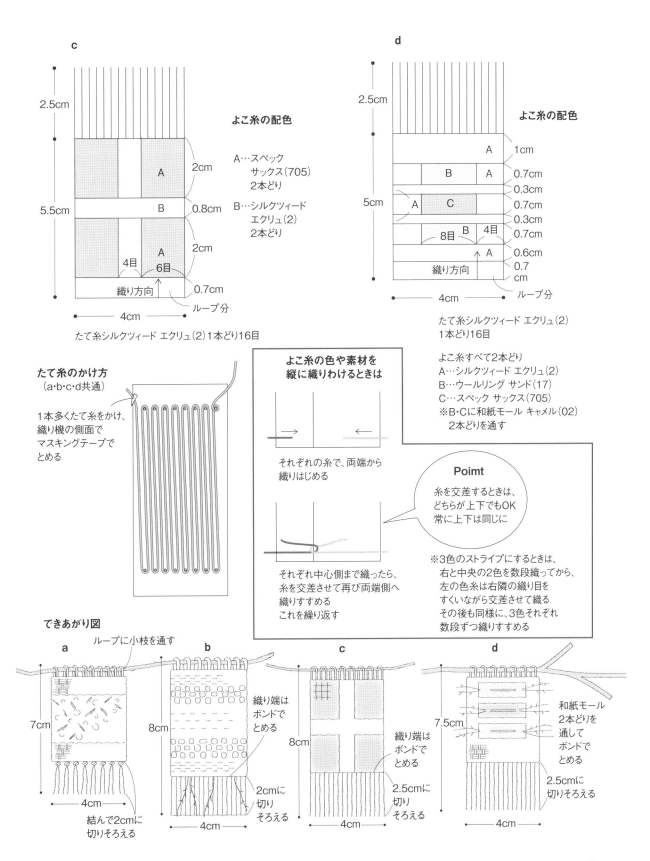

フリンジブローチ

◉ 使用糸

すべて AVRIL
- **たて糸** スペック ジーンズブルー（1448）（よこ糸を含む）少々（10g）
- **よこ糸** スペック L.グレー（1848）少々（10g）

◉ その他の材料

ブローチピン 長さ2cm 1個、布補修ボンド

◉ 使用織り機

4.5×10.5cmのウッドボード織り機

◉ セット寸法

たて糸3本どりで14目（幅約4×長さ8.5cm）

◉ できあがりサイズ

約 3.5×5cm

◉ 作り方

1. 織り機にたて糸をかけたら、フリンジ必要分をとって、よこ糸2本どりで織りはじめる。
2. 右の図を参照に、フリンジを織り入れながら、織りすすめる。
3. 上側のたて糸ギリギリまで織ったら、織り機からはずし、糸端を始末する。ピンをつけて仕上げる。

* 織り方はP.36〜37を参照。

織り図

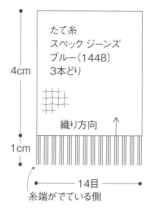

1段めのフリンジより少し短くなるようにそろえてカットする

<ブローチピンのつけ方>

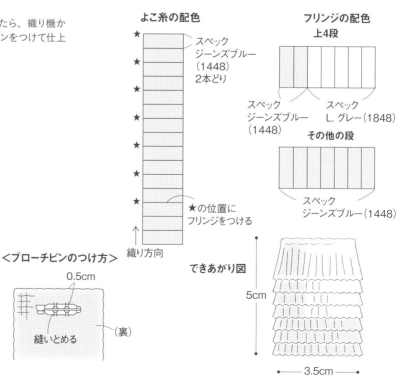

コンビブローチ

作品 P.8

織り図

◉ 使用糸

コンビブローチ a　すべて AVRIL
● たて糸・よこ糸　スペック L.グレー（1848）、パフ（芯黒）B.ブルー（B-1）各少々

コンビブローチ b　すべて AVRIL
● たて糸・よこ糸　リネンツイスト グレー（2）、パフ（芯黒）B.レッド（B-4）各少々

◉ その他の材料

ブローチピン　長さ2cm 各1個、ハギレ少々（糸と同系色か、めだたない色のもの）
布補修ボンド

◉ 使用織り機

4.5×10.5cm のウッドボード織り機

◉ セット寸法

たて糸2本どりで14目（幅約4×長さ8.5cm）

◉ できあがりサイズ

約 3.5×9cm

◉ 作り方

1. 織り機にたて糸をかけたら、フリンジ分をとらずに詰め、よこ糸2本どりで織りはじめる。
2. 織りあがったら、たて糸を始末して織り機からはずし、飾り糸をとじ針に通して織り重ねる。
3. 糸端を始末し、ピンをつけて仕上げる。
* 織り方は P.36〜37 を参照。

できあがり図

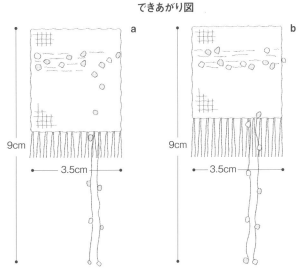

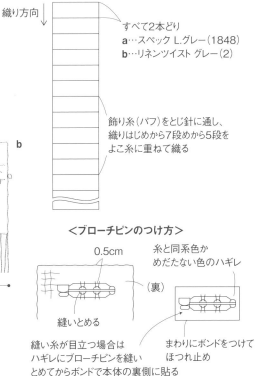

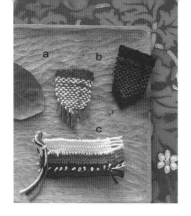

作品 P.9

エンブレム風ブローチ

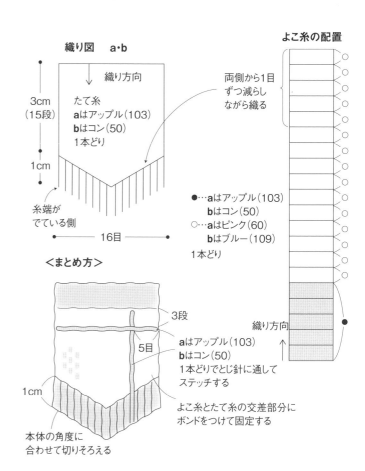

◉ 使用糸

ともにすべて AVRIL

ブローチa
- たて糸　綿コード　アップル(103)(よこ糸を含む)少々(10g)
- よこ糸　ピンク(60)　少々(10g)

ブローチb
- たて糸　綿コード　コン(50)(よこ糸を含む)少々(10g)
- よこ糸　ブルー(109)　少々(10g)

ブローチc
- たて糸よこ糸　綿コード　アップル(103)、ピンク(60)、コン(50)、綿カール　クリーム(03)各少々(各10g)

◉ その他の材料

ブローチピン(a・bは長さ2cm、cは長さ3.5cm各1個)、ハギレ少々(糸と同系色かめだたない色のもの)、布補修ボンド

◉ 使用織り機

ウッドボード織り機

◉ セット寸法

a・bはたて糸1本どりで16目(幅約4×長さ8.5cm)、cはたて糸1本どり(13目めのみ2本どり)で15目(幅約4×長さ8.5cm)

◉ できあがりサイズ

a・b 3.5×5cm　c 約3.5×8cm

◉ 作り方

ブローチa・b
1. 織り機にたて糸をかけたら、フリンジ分をとらずに詰め、よこ糸1本どりで織りはじめる。
2. 織りあがったら、たてよこ1カ所ずつアクセントのステッチを織り込み(右図まとめ方参照)、織り機からはずす。
3. たて糸の端を始末して整え、ピンをつけて仕上げる。

ブローチc
1. 織り図を参考に織り機にたて糸をかけたら、フリンジ仕上げ分(切り揃える分も含めて1.5cm)をとって、よこ糸1本どりで織りはじめる。
2. 織り機の端ギリギリまで織ったら織り機からはずし、たて糸端を始末してピンをつける。

＊ 織り方、仕上げ方はP.36〜37を参照。

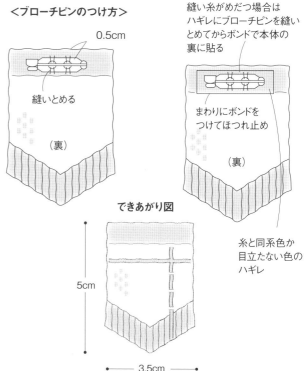

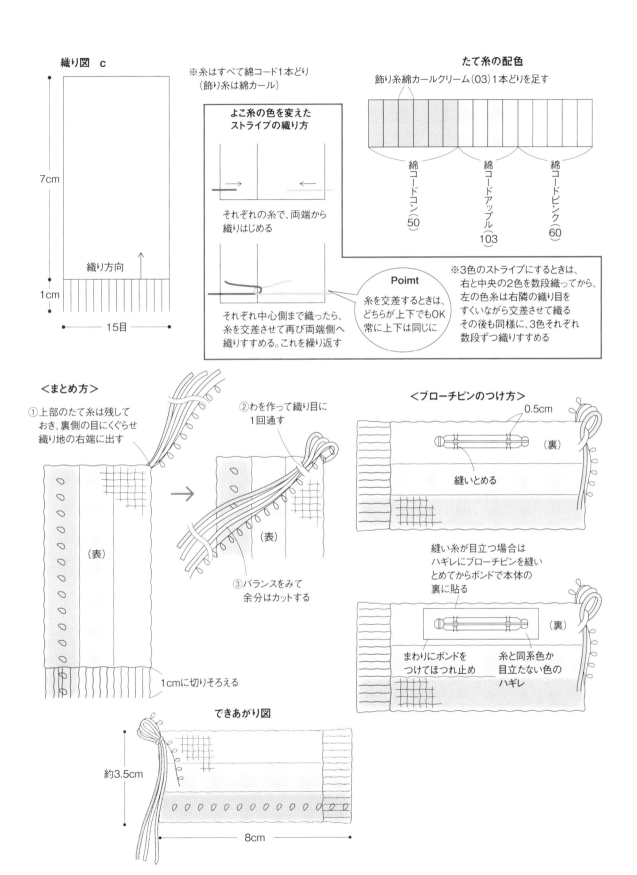

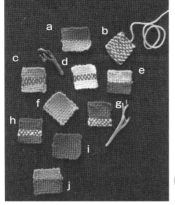

作品 P.10

ちいさなモチーフサンプラー

⊙ 使用糸
- たて糸よこ糸　すべて DMC タペストリーウール
  各1束（使用は少々ずつ）
- a　モスグリーン（7702）、ライトモスグリーン（7331）
- b・e　水色（7599）、赤（7184）
- c　茶色（7494）、濃いブルー（7926）
- d　クリーム（7420）、赤（7184）
- f　ブルー（7597）
- g　濃いブルー（7926）、クリーム（7420）
- h　赤（7184）、クリーム（7420）
- i　赤（7184）
- j　ブルー（7597）、濃いブルー（7926）

⊙ 使用織り機
- b・c・d・e・g・h　幅4×長さ4cmのイラストボード織り機
- a・f・i・j　幅4×長さ4.5cmのイラストボード織り機

⊙ セット寸法
ピンは5〜6mm間隔で織り機の上下縁に7本ずつ打つ。たて糸は1本どりで13目（幅4×長さ4cm・4.5cm）

⊙ できあがりサイズ
- b・c・d・e・g・h　4×4cm
- a・f・i・j　4×4.5cm

⊙ 作り方
1. 織り機にピンを打ったら、織り図を参考にたて糸をかける。
2. よこ糸は1本どりで、織り図を参考に（糸を変えるものは変えながら）織る。
3. 織りあがったらよこ糸、たて糸端を始末して織り機からはずす。
* 織り方、仕上げ方はP.38〜39を参照。
  a・e・jのよこ糸の織り方はP.57を参照。

織り図　　糸はすべてタペストリーウール1本どり

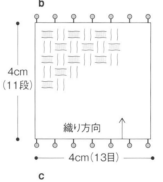

a

4.5cm（16段）／4cm（13目）／織り方向

よこ糸の配色
よこ糸も6目めまでは
ライトモスグリーン（7331）、
7目めからはモスグリーン（7702）

※よこ糸の色を変えた
ストライプの織り方は、
P.57を参照

たて糸は6目めまではライトモスグリーン（7331）、
7目めからはモスグリーン（7702）

b

4cm（11段）／4cm（13目）／織り方向

たて糸…水色（7599）
よこ糸…赤（7184）

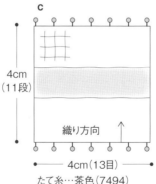

c

4cm（11段）／4cm（13目）／織り方向

たて糸…茶色（7494）

よこ糸の配色
- 茶色（7494）
- 濃いブルー（7926）
- 茶色（7494）

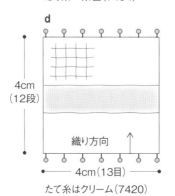

d

4cm（12段）／4cm（13目）／織り方向

たて糸はクリーム（7420）

よこ糸の配色

- クリーム（7420）
- 赤（7184）
- クリーム（7420）

58

e

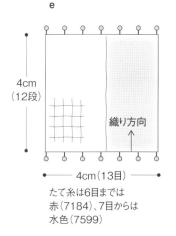

たて糸は6目までは
赤(7184)、7目からは
水色(7599)

よこ糸の配色

よこ糸も6目めまでは
赤(7184)、7目からは
水色(7599)

※よこ糸の色を変えた
ストライプの織り方は、
P.57を参照

f

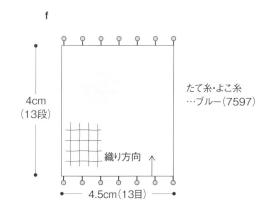

たて糸・よこ糸
…ブルー(7597)

g

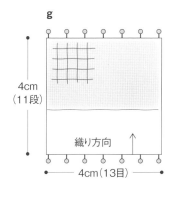

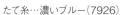

たて糸…濃いブルー(7926)

よこ糸の配色

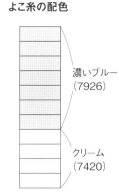

濃いブルー(7926)

クリーム(7420)

h

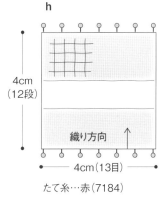

たて糸…赤(7184)

よこ糸の配色

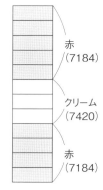

赤(7184)

クリーム(7420)

赤(7184)

i

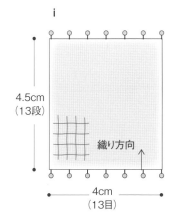

たて糸・よこ糸
…赤(7184)

j

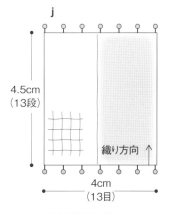

たて糸は7目までは
濃いブルー(7926)、
8目からはブルー(7597)

よこ糸の配色

よこ糸も7目めまでは
濃いブルー(7926)、
8目からはブルー(7597)

※よこ糸の色を変えた
ストライプの織り方は、
P.57を参照

作品 P.11

イニシャル&ガーランド

◉ 使用糸

イニシャル・ガーランド（白色のぞく）
ともにすべて DARUMA
夢色木綿　からし色（10）、ブルーグレー（27）各1個（25g）

白のガーランド
AVRIL　BFリング　ホワイト（01）、モヘアループ ホワイト（01）各少々（10g）

◉ その他の材料
布補修ボンド

◉ 使用織り機
イラストボード織り機
ガーランド…高さ4.5cmの二等辺三角形
イニシャル…それぞれのアルファベット形（図参照）

◉ セット寸法
ガーランド
ピンは二等辺三角形の長辺2カ所に各7本ずつ、底の角に1本打つ。
たて糸1本どりで14目かける。
イニシャル
ピンは図を参考にそれぞれ打つ。
たて糸は1本どりで、それぞれの織り図を参考に必要目数をかける。

◉ できあがりサイズ
イニシャル　約5×5cm
ガーランド　約4×4.5cm

◉ 作り方
1　織り機にピンを打ったら、織り図を参考にたて糸をかける。
＊　ガーランドの角（頂点）のピン部分は、たて糸をクルクルと2回巻くようにかける。
2　よこ糸は1本どりで、織り図を参考に（糸を変えるものは変えながら）織る。それぞれの織り順は、図を参照。
3　織りあがったらよこ糸、たて糸端を始末して織り機からはずす。
＊　**織り方、仕上げ方はP.38〜39を参照。**

織り図　イニシャル
たて糸よこ糸ともに夢色木綿
※丸数字は織り順

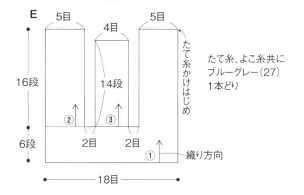

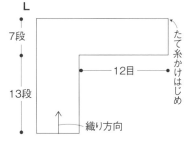

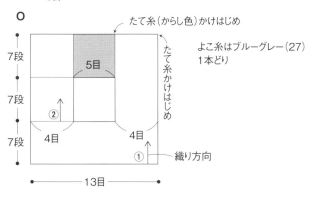

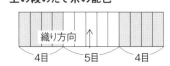

上の段のたて糸の配色

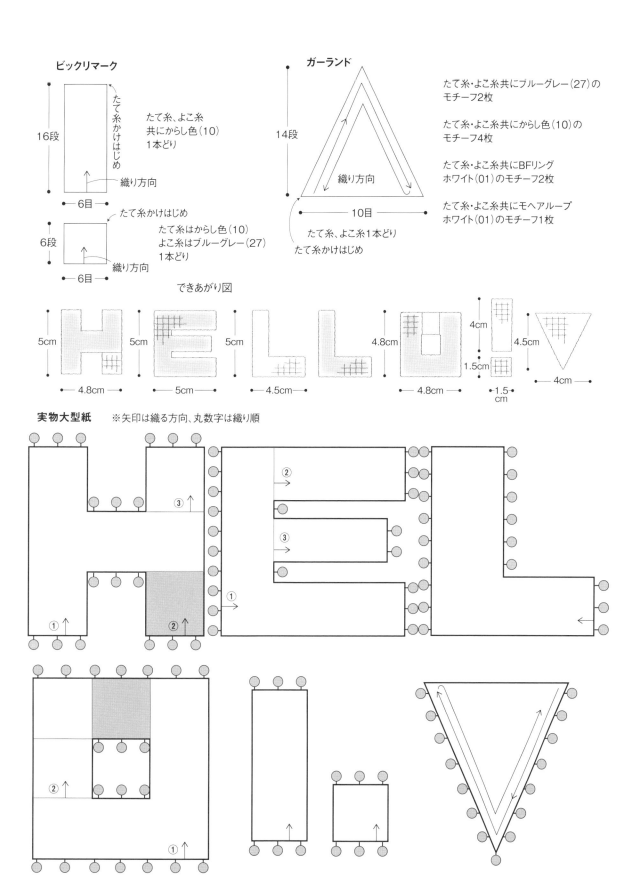

千鳥格子の革ブレスレット

作品 P.14

⊙ 使用糸
すべてメルヘンアート
● たて糸・よこ糸　ボタニカルレザーコード 2.0mm 幅　レッド（815）、ホワイト（816）各1カセ（3m）

⊙ その他の材料
幅1cmの綿テープ（リボンでも可）3cm、布補修ボンド

⊙ 使用織り機
幅5cm× 長さ25cmのイラストボード織り機

⊙ セット寸法
ピンは約4mm間隔で織り機の上下どちらか片側の端に5本打つ。もう片側はたて糸をテープで固定。たて糸1本どりで10目（幅約3× 長さ25cm～）

⊙ できあがりサイズ
約3×20cm（フリンジ部分は除く）

⊙ 作り方

1　織り機にピンを打ったら、織り図を参考にたて糸をかける。その際、片側のピンには革（たて糸）をかけ、もう一方は、ピンをはずして革に打って固定する。

2　よこ糸1本どりで、ピンにたて糸をかけたほうから間隔（ループ分）を1cmあけて織りはじめる。

3　織り図を参考に織りすすめ、20cmまで織ったら、織り機からはずす。よこ糸の端を織り幅分でカットして、裏側にボンドで貼る。

＊　織り方は P.38 ～ 39 を参照。

4　ストッパーを作る。革をカットして綿テープに4枚並べて貼る。

5　2で織りはじめにあけておいたループ分に、それぞれたて糸を2本ずつ通したら、フリンジ状にひとつに束ねて4を巻き、巻き終わりをボンドでしっかりと貼りつけてとめる。続けて、フリンジの先を好みの長さに切りそろえて仕上げる。

point
つけるときはストッパーをゆるめて手に通し、好みのきつさまで締めて使う。
ストッパーはゆるすぎるとフリンジから抜けてしまうので注意。気になる場合は、フリンジの革の先を1本どれか結んでおくとよい。

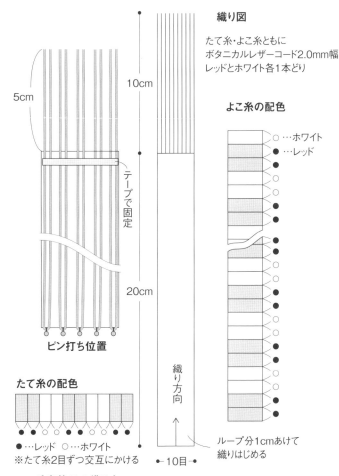

織り図
たて糸・よこ糸ともにボタニカルレザーコード2.0mm幅 レッドとホワイト各1本どり

よこ糸の配色
○…ホワイト
●…レッド

たて糸の配色
●…レッド　○…ホワイト
※たて糸2目ずつ交互にかける

千鳥格子の織り方
※左右の端で2色の糸を交差させながら織りすすめる

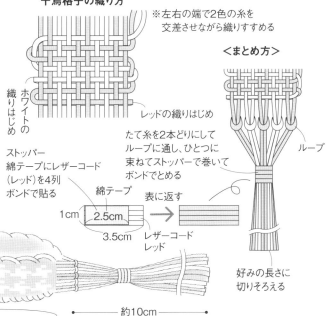

＜まとめ方＞

ストッパー
綿テープにレザーコード（レッド）を4列ボンドで貼る

たて糸を2本どりにしてループに通し、ひとつに束ねてストッパーで巻いてボンドでとめる

好みの長さに切りそろえる

できあがり図
約3cm
約20cm
約10cm

くるりんポーチ

作品 P.12

⊙ 使用糸

すべて AVRIL
- ●たて糸　ポップコーン キウイ (06)、リネンツイスト グリン (5) (よこ糸を含む) 各 10g
- ●よこ糸　BF リング チャコール (19)、抄織糸コットン II ブラック (105) 各 10g

⊙ 使用織り機

幅 10× 長さ 20 cm のイラストボード織り機

⊙ セット寸法

ピンは約 1cm 間隔で織り機の上とポーチの袋口部分に各 10 本ずつ、下には 11 本 (うち 1 本は左の角) 打つ。
たて糸は 3 本どり、表裏で 39 目 (幅 10cm× 長さ 20cm)。

⊙ できあがりサイズ

幅 10× 長さ 13cm (フタを閉じた状態で)

⊙ 作り方

1. 織り機にたて糸をかけたら、下 (底) から織りはじめる。最初は左から右へ 1 段織り、その後は右から左へ織る。織り機をクルクル回しながら表→裏両面を織りすすめる。
2. 3～4 段織ったら下のピンをすべてはずし、よこ糸をしっかりと下に詰めながら織る。
3. 袋口のピン部分まで織ったら、そのまま続けてフタ部分を織る。
4. 織りあがったらよこ糸を始末して織り機からはずす。
5. 織り地をクルッと裏返してチェックし、どちらの面を表にするか決めたら、裏側にしたほうにたて糸を出して始末し、仕上げる。

* **織り方、仕上げ方は P.40～41 を参照。**

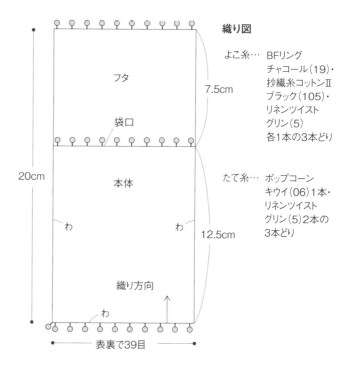

織り図

よこ糸…　BF リング チャコール (19)・抄織糸コットン II ブラック (105)・リネンツイスト グリン (5) 各 1 本の 3 本どり

たて糸…　ポップコーン キウイ (06) 1 本・リネンツイスト グリン (5) 2 本の 3 本どり

<まとめ方>

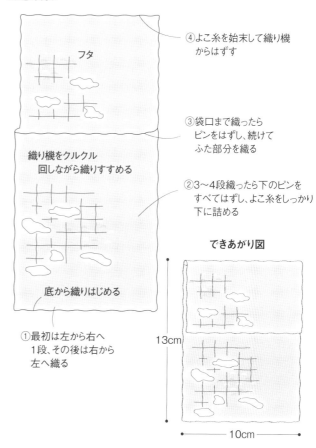

④ よこ糸を始末して織り機からはずす

③ 袋口まで織ったらピンをはずし、続けてふた部分を織る

② 3～4 段織ったら下のピンをすべてはずし、よこ糸をしっかり下に詰める

できあがり図

① 最初は左から右へ 1 段、その後は右から左へ織る

巻き織りつつみボタン

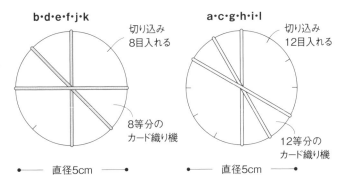

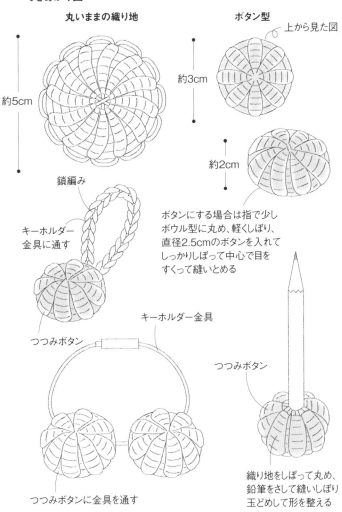

◉ 使用糸

セーターのボタンに
● たて糸よこ糸　ともにDMC タペストリーウール
a 黄色 (7505)、c 紫 (7262) 各1束
● たて糸よこ糸　ともにDARUMA クラシイックツイー　b ライトグレー (9)、d 青 (3) 各少々 (1玉)

キーホルダー
● たて糸よこ糸　ともにDARUMA クラシイックツイー　e 紺 (2)・ひも部分はからし色 (8)、f 左=からし色 (8)・右=茶色 (6)　各少々 (1玉)

キノコな鉛筆サック
● たて糸よこ糸　ともにDMC タペストリーウール
g 緑 (7404)、h オレンジ (7360)、i 水色 (7802) 各1束

アクセントな飾りに
● たて糸よこ糸　ともにDARUMA クラシイックツイー　j 赤茶色 (5)、k アイボリー (7) 各少々 (1玉)
● たて糸よこ糸　ともにDMC タペストリーウール
l ブルーグレー (7028) 1束

◉ その他の材料
● a・b・c・d・e・f・j・k
直径2.5cmのボタン　各1個
● キーホルダー
キーホルダー金具　2種類
● キノコな鉛筆サック
鉛筆

◉ 使用織り機
● セーターのボタンに・アクセントな飾りに
直径5cm・たて糸12等分と8等分の巻き織り用カード織り機
● キーホルダー
直径5cm・たて糸8等分の巻き織り用カード織り機
● キノコな鉛筆サック
直径5cm・たて糸12等分の巻き織り用カード織り機

◉ セット寸法
たて糸は1本どりで、織り機に2周かける。

◉ できあがりサイズ
図参照。

◉ 作り方
*　織り方・仕上げ方はP.44～45を参照。

作品 P.20

サークルポーチ

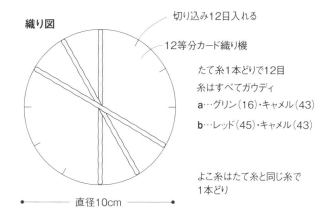

織り図

切り込み12目入れる
12等分カード織り機

たて糸1本どりで12目
糸はすべてガウディ
a…グリン(16)・キャメル(43)
b…レッド(45)・キャメル(43)

よこ糸はたて糸と同じ糸で
1本どり

直径10cm

◉使用糸
●たて糸よこ糸　すべて AVRIL　ガウディ
a　グリン (16)、キャメル (43) 各10g、
b　レッド (45)、キャメル (43) 各10g

◉その他の材料
直径1cmのボタン各1個、ボタン付け糸

◉使用織り機
直径10cm、たて糸12等分の巻き織り機用カード織り機

◉セット寸法
たて糸は1本どりで、織り機に2周かける。

◉できあがりサイズ
直径約10cm

◉作り方
1　織り機にたて糸をかけたら、必要量のよこ糸をとって織りすすめる。
2　織りあがったら織り機からはずし、よこ糸を裏側でたて糸(どこか1本の)に沿って数回通し、余分をカットする。これを2枚作る。
＊　**織り方はP.44〜45を参照。**
3　2枚を外表に合わせたら、濃いほうの色の糸で織り地の縁を巻きかがりして縫い合わせる。
4　ポーチ口側の縁1カ所にボタンを縫いつけたらできあがり。

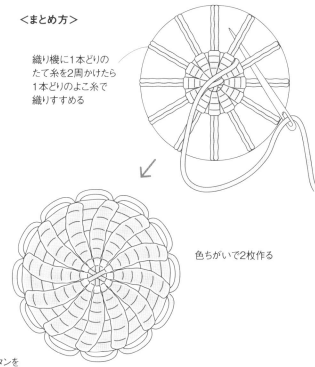

＜まとめ方＞

織り機に1本どりの
たて糸を2周かけたら
1本どりのよこ糸で
織りすすめる

色ちがいで2枚作る

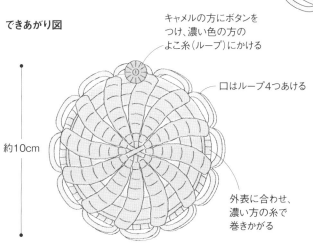

できあがり図

約10cm

キャメルの方にボタンを
つけ、濃い色の方の
よこ糸(ループ)にかける

口はループ4つあける

外表に合わせ、
濃い方の糸で
巻きかがる

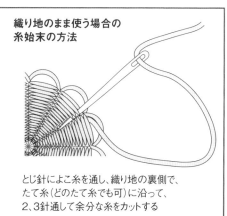

織り地のまま使う場合の
糸始末の方法

とじ針によこ糸を通し、織り地の裏側で、
たて糸(どのたて糸でも可)に沿って、
2、3針通して余分な糸をカットする

作品 P.19

プチつつみボタンでネックレス&ブローチ

◉ 使用糸

●たて糸よこ糸　ともに DMC ルトール

ネックレス
ECRU（エクリュ）、グレー（2128）、レンガ（2327）、ダークブルー（2595）、オレンジ（2160）、パープル（2120）、ターコイズグリーン（2132）、水色（2828）、薄茶（2302）、ペパーミント（2599）、グレイッシュグリーン（2926）各1束

ブローチa
ターコイズグリーン（2132）、水色（2128）、グレイッシュグリーン（2926）各少々（各1束）

ブローチb
グレー（2128）、薄茶（2302）、ECRU（エクリュ）、レンガ（2327）各少々（各1束）

◉ その他の材料

ネックレス　直径1.7～2cmのボタン（シンプルなものを）33個

ブローチ　ブローチピン（長さ3.5cm 各1個）、ハギレ少々（糸と同系色かめだたない色のもの）、布補修ボンド

◉ 使用織り機

直径4cm・たて糸12等分の巻き織り用カード織り機

◉ セット寸法

たて糸は1本どりで、織り機に2周かける。

◉ できあがりサイズ

ネックレス　長さ約68cm
ブローチa　約5×7cm、**b**　約5×9cm

◉ 作り方～共通

1　織り機にたて糸をかけたら、必要量のよこ糸をとって織りすすめる。
2　織りあがったら織り機からはずす。

◉ ネックレスの作り方

1　作った織り地を指で少しボウル型に丸め、織り地の端の糸を交互にすくって軽くしぼって中にボタンを入れる。
2　1をしっかりしぼったら、中心で何度か目をすくって縫いしぼってとめる。これを使用糸1束につき3個、計33個作る。
＊　**織り方、仕上げ方は P.44～45 を参照。**
3　2をバランス良く並べたら、1個ずつ縫いとめて仕上げる。（縫い糸は、余った糸を1～2本どりで使用）

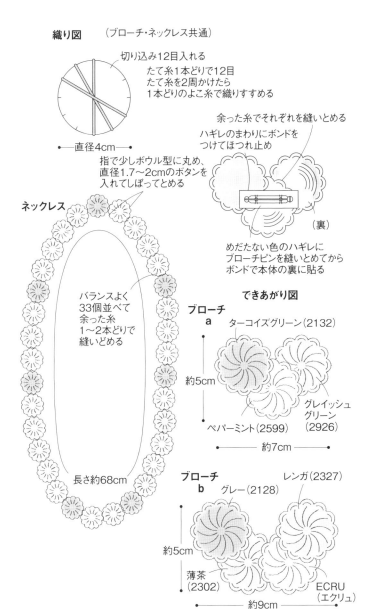

◉ ブローチの作り方

1　作った織り地のよこ糸を、裏側でたて糸（どこか1本）に沿って数回通し、余分をカットする。
※糸始末の仕方は P.65 を参照。
これを**a**は3色各1個ずつ、**b**は4色各1個ずつ作る。
2　**a・b**それぞれ裏側で縫いとめる（縫い糸は、余った糸を1～2本どりで使用）。
3　ブローチピンのサイズより気持ち大きめにハギレをカットし、ピンを縫いつける。
＊　ハギレはカット部分にボンドを塗ってほつれ止めしておくといい。
4　3を2の裏側に貼って（あるいは、周囲を縫いとめて）仕上げる。

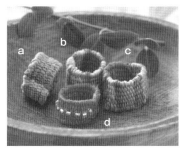

作品 P.18

カラフルリング

織り方 筒織り機の作り方はP.43参照。

たて糸の巻き始めに、織り機の右端のラインの目安になるように、マスキングテープを貼る。

たて糸を織り機に巻いて、ひと結びする。糸端はマスキングテープで固定。

5回巻き、1本前のたて糸に糸をかけてカットする。糸端はマスキングテープで固定。

たて糸の間隔を整えたら、よこ糸を針に通し、たて糸の上、下、上と交互に通して織っていく。

左端にきたら、折り返して前段と逆によこ糸を通す。フォークで詰めて織り目を整える。

指輪の幅を決めて左側にマスキングテープを貼る。織り目を詰めながら4、5を繰り返して織りあげる。

Point
織りはじめの右端のたて糸は、数段織り込みながら織っていく。織り終わりの左端のたて糸も、最後の数段で左のたて糸と一緒に織り込む。

⊙ **使用糸**
すべてDMC 25番刺しゅう糸（6本どり）
● **よこ糸**
a ブルーグリーン（3849）、コロリ プリマヴェーラ（4506）各少々（各1束）
b コロリ 椿（4502）1束
c ローズピンク（601）、コロリ 北風（4523）各少々（各1束）
d ローズピンク（601）1束

⊙ **その他の材料**
たて糸…アクセサリー用の細ゴム
丸大ビーズ シルバー15粒（dに使用）

⊙ **使用織り機**
筒織り用カード織り機（自分のリングのサイズで作って使用）

⊙ **セット寸法**
a たて糸6本どりで5目、織り幅約1.2cmにセットする。
b たて糸6本どりで6目、織り幅約1.5cmにセットする。
c たて糸6本どりで7目、織り幅約1.5cmにセットする。
d たて糸6本どりで5目、織り幅約1.2cmにセットする。

⊙ **できあがりサイズ**
写真は11号サイズ（好みのサイズにアレンジを）

⊙ **作り方**
1 織り機にたて糸をかけたら、よこ糸6本どりでしっかり織り目を詰めながら織る。**a・c**はそれぞれ織り図を参考に、途中でよこ糸を変えて、
2 **d**はあらかじめ真ん中のたて糸にビーズを通しておき、図を参照に間隔をあけながら織りすすめる。織りあがったらたて糸の余分をカットし、よこ糸の始末をして織り機からはずす。

できあがり図
1.2～1.5cm
5cm

織り図
たて糸はすべてアクセサリー用の細ゴム
よこ糸はすべてDMC 25番刺しゅう糸

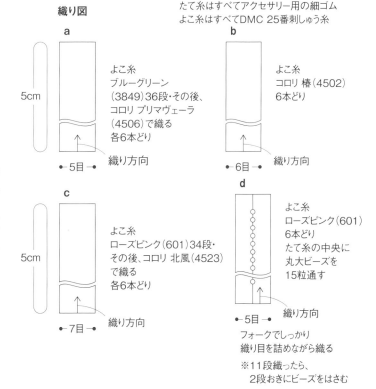

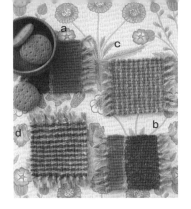

まいにちづかいのコースター

⊙ **使用糸**

すべて DARUMA
- **たて糸** ウールジュート ベージュ(2)(よこ糸を含む) 各少々(1個)
- **よこ糸** ソフトコットン グリーン(1)、レンガ(3) 各少々(各1玉)

⊙ **使用織り機**

幅16× 長さ20× 高さ8cm・長さ20cm 側に5mm間隔に切り込みを入れたボックス織り機

⊙ **セット寸法**

たて糸は1本どりで、織り機の長さ(20cm)、5mm間隔で切り込みを入れたほうに18目かける。ボックス内に織り地が収まるサイズの織り機なら、もう少し小さな織り機でも同じサイズのコースターが作れる。その場合は、たて糸をかける際、フリンジ分の長さを切り込みの外(ボックスの外)に1目につき7cmずつとってかける。

⊙ **できあがりサイズ**

9.5×13cm(フリンジ分を含む)

⊙ **作り方**

1. 織り機にたて糸をかけたら、織り図を参考によこ糸の色を変えながら織りすすめる。ウールジュートをよこ糸に使う際は、糸の撚りをほぐして、そのうちの1本を使って織る。
2. 織りあがったら、たて糸を2本ずつはずしながら、織り地の際で結んでいく。最初は軽く結んでおき、織り機からはずしたら、形を整えながらしっかりと結ぶ。
3. フリンジを好みの長さにカットしたら、できあがり。

* **織り方はP.42、よこ糸の色変えはP.37を参照。**

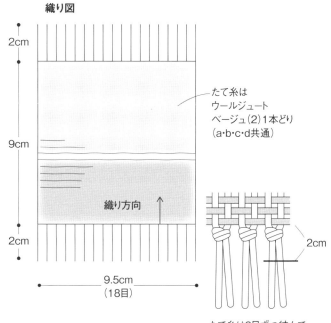

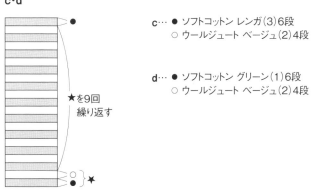

作品 P.24

ガーリーマット

⊙ 使用糸

すべて Art Fiber Endo　刺しゅうセット SP_N (ホワイト系) 10束1セットとループヤーン (LY_417)
- **たて糸**　変わり糸 (N) SP_N_02、SP_N_03、SP_N_04、SP_N_05、SP_N_06、SP_N_07、SP_N_08、SP_N_09、SP_N_10、ループヤーン (LY_417) 各1束
- **よこ糸**　変わり糸 (N) SP_N_01　1束

⊙ その他の材料

布補修ボンド

⊙ 使用織り機

幅16×長さ20×高さ8cm・幅側に8〜9mm間隔に切り込みを入れたボックス織り機

⊙ セット寸法

たて糸は2〜6本どりで、織り機の幅 (16cm) 約8mm間隔で切り込みを入れたほうに15目かける。

⊙ できあがりサイズ

10.5×19cm

⊙ 作り方

1. 織り図を参考にたて糸をかけたら、よこ糸1本どりで織りはじめる。
2. フォークで織り目を整えながら、2段で1cmくらいを目安に織りすすめる。
3. 織りあがったら、たて糸を始末して仕上げる。
* **織り方、仕上げ方は P.42 を参照。**

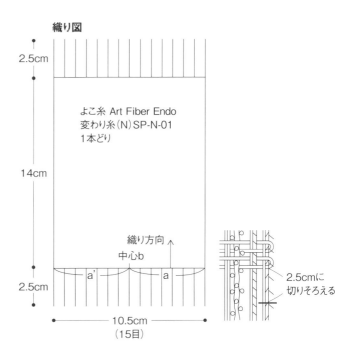

織り図

よこ糸 Art Fiber Endo
変わり糸 (N) SP-N-01
1本どり

2.5cm / 14cm / 2.5cm

10.5cm (15目)

織り方向
中心b

2.5cmに切りそろえる

たて糸の配色　※a'はaを反転させる

a'	中心b	a						
4本 (LY_417・10)	3本 (05・07)	4本 (LY_417・10)	3本 (03・08)	1本 (06)	2本 (04)	4本 (LY_417・10)	1本 (06)	3本 (05・07)

Art Fiber Endo刺しゅうセットSP_N
(ホワイト系) の糸を2〜5本どりにする
※全部かけたら、それぞれの目に1本ずつ02をかける

たて糸とよこ糸の糸番　※LY_417以外はすべてSP_N_シリーズ

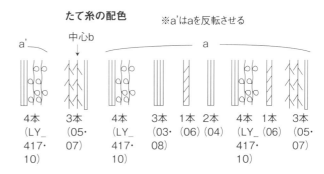

05　07　06　10　LY_417　04　08　03　02　01 よこ糸

たて糸

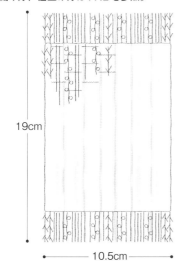

19cm

10.5cm

できあがり図

69

作品 P.25

コラージュマット

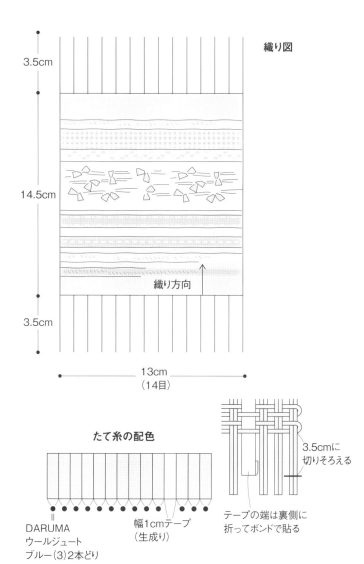

◉ 使用糸
- **たて糸** DARUMA ウールジュート ブルー(3)（よこ糸も含む 1個）約5g、幅1cmのテープ生成り25cm
- **よこ糸** AVRIL BFリング ソーダ(05)少々(10g)、Art Fiber Endo ピコ糸 NP_15（ブルー 1束）、モール3本（ローズ、オレンジ、ベージュ）、幅7mmと1.2cmのリボン 各20cm、ブルーの細ギンガムチェック地 幅9mm×50cm

◉ その他の材料
布補修ボンド

◉ 使用織り機
幅23×長さ22×高さ10cm・幅側に8mm間隔の切り込みを入れたボックス織り機

◉ セット寸法
たて糸は2本どりでテープ1カ所も合わせて、織り機の幅(23cm) 約8mm間隔で切り込みを入れたほうに14目かける。テープの端は切り込みにマスキングテープで貼って固定する。

◉ できあがりサイズ
13×21.5cm

◉ 作り方
1. 織り機にたて糸をかけたら、織り図を参考に糸を変えながら織りすすめる。よこ糸のうちモールとリボンは、最後に端を始末する。
2. 織りあがったら、たて糸にボンドをつけて織り機からはずす。
3. よこ糸のリボンとモールを始末する。リボンは左右端を裏側に折り、たて糸に何目か通してから端をボンドで貼る。モールも左右端を裏側に折り曲げ、たて糸に何目か通しておく。
4. 続けて、たて糸のテープの両端を裏側に折り、ボンドで貼って固定。フリンジも切り揃えて仕上げる。

＊ 織り方、仕上げ方はP.42、よこ糸の変え方はP.37を参照。

point
作業中、織り機が軽くて動いてしまうときは、中に石やダンベルなど、重石になるもの（なんでもOK）を入れ、織り機を固定すると織りやすくなる。以下、ボックス織り機での作品づくりの際も同様に。

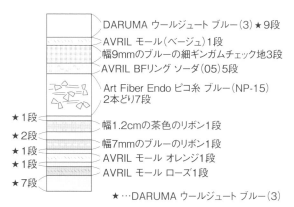

※モールとリボンの両端は裏側に折り、たて糸に何目か通して端をボンドで貼る

作品 P.27

バングルブレスレット

⊙ 使用糸

すべて AVRIL
- **たて糸** シルクツィード ブルーバード (32)(よこ糸含む、10 g)
- **よこ糸** シルクツィード 5PLY MIX マリンブルー (551)、イエローグリーン (552) 各 10 g、ドロップ ブルー (1)、メロン (3)、パフ (芯黒) B. ブルー (B-1)、ポップコーン ソーダ (05) 各少々 (10g)

⊙ その他の材料

たて糸…アーティスティックワイヤー パウダーブルー♯ 26 (0.3mm) 1 個、4mm カットビーズ 36 粒、布補修ボンドか手芸用ボンド

⊙ 使用織り機

幅 16× 長さ 20× 高さ 8cm・幅側に 8 ～ 9mm 間隔の切り込みを入れたボックス織り機

⊙ セット寸法

ワイヤー 2 本と糸 1 本計 3 本どりで、織り機の幅 (約 10cm) に約 8mm 間隔で切り込みを入れたほうに 7目 (幅 5.5× 長さ 15.5cm)

⊙ できあがりサイズ

5.5×16.5cm(左右のフック部分はのぞく)

⊙ 作り方

1. ワイヤーを 270cm にカットして二つ折りにし、糸 1 本をからめてたて糸を作り、織り機にかける。そのとき、かけはじめとかけ終わりはともに 7cm を切り込みの外に出しておく。
2. 織り図を参考に、よこ糸を変えながらフォークで織り目をしっかり詰めて織りすすめる。
3. 織りあがったら、ワイヤーにビーズを通して 3 カ所に当て、ワイヤーの両端を織り地に織り込んでとめる。※織り方は P.42 を参照。
4. 3 を織り機からはずし、切り込みにかけていたたて糸部分に糸を巻き付けて貼り、カバーする。このとき、端 1 カ所は織ったよこ糸をよりしっかり詰めてたて糸を多めに見せて作業する (ここが、フックを通しかける場所になるので大きくしておく)
5. 続けて、織りはじめと織り終わりに出しておいたたて糸にも、ボンドをつけながらよこ糸を巻き、しっかり貼りつけてカバーする。
※手首につけるときは、5 のフックを 4 で大きめにあけておいた部分に通してつけ、先を曲げて好みのサイズに調整する。

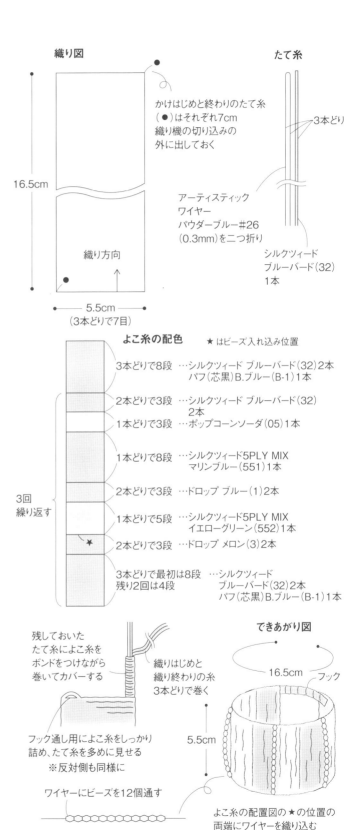

71

作品 P.26

2wayブレスネックレス〜フォレスト〜

⊙**使用糸**
すべて Art Fiber Endo
●**よこ糸** 変わり糸 (DG) SP_DG_01、SP_DG_03、SP_DG_07、SP_DG_09 (たて糸を含む)、変わり糸 (LG) SP_LG_01、変わり糸 (G) SP_G_10、ハタ糸 RP_222、ピコ糸 NP_09 各1束

⊙**その他の材料**
たて糸…アーティスティックワイヤー オリーブ♯28 (0.3mm) 1個、約1.4cm角のボタン6個、布補修ボンドか手芸用 (木工用) ボンド

⊙**使用織り機**
幅16×長さ20×高さ8cm・長さ20cm側に5mm間隔で切り込みを入れたボックス織り機

⊙**セット寸法**
たて糸は糸とワイヤー各1本どりで4目。少しずつ位置をずらしながら織り機にかけつつ織りすすめる。

⊙**できあがりサイズ**
最大幅2×長さ52cm

⊙**作り方**

1. ワイヤーを120cmにカットして、軽く曲げて二つ折りにし、ボタン穴に通す。このとき、ボタンの上部でワイヤーを丸く曲げて根元でねじり、もう片端のボタンが通るサイズのループを作っておく。

2. 続けて1に糸を通す。ボタン穴に糸を通しづらいときは、ワイヤーを二つ折りにして通し針を作り、そこに糸をはさんで通すと作業しやすい。これがたて糸になる。

3. 1で作ったループを織り機にかけ、残りのボタン5個を通す。最後のボタンを通して余ったワイヤーは、まだそのままにしておく。

4. よこ糸をとじ針に通し、織り図を参照して、順によこ糸を変えながら織っていく。その際、手前のワイヤーを織り機にかけ、織りあがった先のほうの織り地は、織り機の底に巻き入れながら作業する。よこ糸を変えるときは、織り終わりの糸端をボタンの根元にクルクル巻きつけ、ボンドでとめて余分をカット。次の糸もその上に2〜3回巻いてから織りはじめる。

5. 最後まで織ったら、まず端のワイヤーをボタンの根元にしっかりと巻き付け、余分をカット。続けてよこ糸の端を巻き付けてボンドでとめ、余分をカットする。

6. 織りはじめに作ったループに、ボンドをつけながら糸を巻き付けて貼り、カバーしたらできあがり。

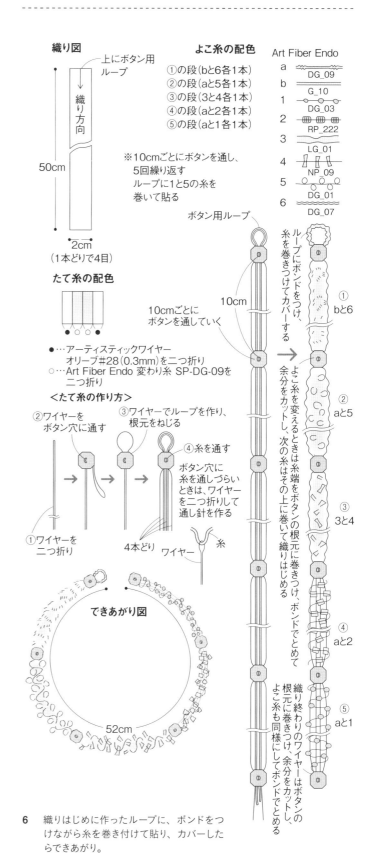

作品 P.26

2wayブレスネックレス～フラワー～

◉使用糸
● たて糸よこ糸　ともに AVRIL
和紙モール ピンク (07)、コットンギマ ライトグレー(44) 各少々 (10g)

◉その他の材料
たて糸…アーティスティックワイヤー　ホワイト♯28(0.3mm) 1個
ボタン (サーモンピンク～オレンジ系)
直径 2.5cm を 3 個、直径 2cm を 1 個、直径 1.8cm を 2 個 (2 種)、直径 1.5cm を 5 個 (2 種)、直径 1.3cm を 4 個 (2 種)、直径 1.2cm を 5 個
布補修ボンドか手芸用 (木工用) ボンド

◉使用織り機
幅 16× 長さ 20× 高さ 8cm・長さ 20cm 側に 5mm 間隔で切り込みを入れたボックス織り機

◉セット寸法
たて糸は糸 1 本とワイヤー 1 本の計 2 本どりで 4 目。少しずつ位置をずらしながら織り機にかけつつ織りすすめる。

◉できあがりサイズ
最大幅 2.8× 長さ 44cm

◉作り方
1 ワイヤーを 100cm に 2 本カットして、軽く曲げて二つ折りにし、直径 2.5cm のボタン穴に通す。このときボタンの上部でワイヤーを丸く曲げて根元でねじり、もう片端のボタンが通るサイズのループを作っておく。
2 続けて 1 に糸を通す。ボタン穴に糸を通しづらいときは、ワイヤーを二つ折りにして通し針を作り、そこに糸をはさんで通すと作業しやすい (P.72 を参照)。これがたて糸になる。
3 織りはじめる前に、ボタンをできあがりサイズの長さに並べてみて、配置を決めておく。
4 3 の配置図を参考に、まずボタンを 2 に通す。
5 続けてよこ糸をとじ針に通し、3 の間をザクザクと通すようにして織っていく。まず糸 1 種類 (コットンギマ) を通してザクザク織り、織り終えたら、その上からもう 1 種類の糸 (和紙モール) を織り重ねる。途中で足らなくなったときは、近くにあるボタンの根元に糸端をクルクル巻きつけてボンドで固定。足した糸端も同じ根元に巻き付けて、織りすすめる。その際、手前のワイヤーを織り機にかけ、織りあがった先のほうの織り地は、織り機の底に巻き入れながら作業する。

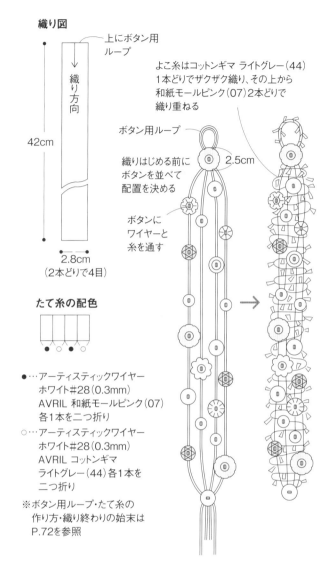

織り図

上にボタン用ループ

織り方向

42cm

2.8cm
(2本どりで4目)

よこ糸はコットンギマ ライトグレー(44) 1本どりでザクザク織り、その上から和紙モールピンク(07) 2本どりで織り重ねる

ボタン用ループ
2.5cm

織りはじめる前にボタンを並べて配置を決める

ボタンにワイヤーと糸を通す

たて糸の配色

● …アーティスティックワイヤー ホワイト♯28(0.3mm)
AVRIL 和紙モールピンク(07) 各1本を二つ折り
○ …アーティスティックワイヤー ホワイト♯28(0.3mm)
AVRIL コットンギマ ライトグレー(44)各1本を二つ折り

※ボタン用ループ・たて糸の作り方・織り終わりの始末は P.72 を参照

6 織りあがったら、まず端のワイヤーをボタンの根元にしっかりと巻き付け、余分をカット。続けてよこ糸の端を巻き付けてボンドでとめ、余分をカットする。
7 織りはじめに作ったループにボンドをつけながら、糸を巻き付けて貼り、カバーしたらできあがり。

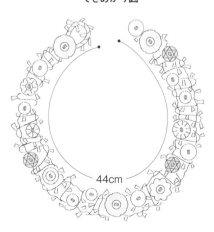

できあがり図

44cm

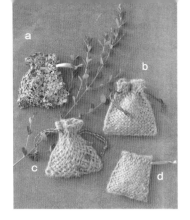

作品 P.30

ちいさなきんちゃく4姉妹

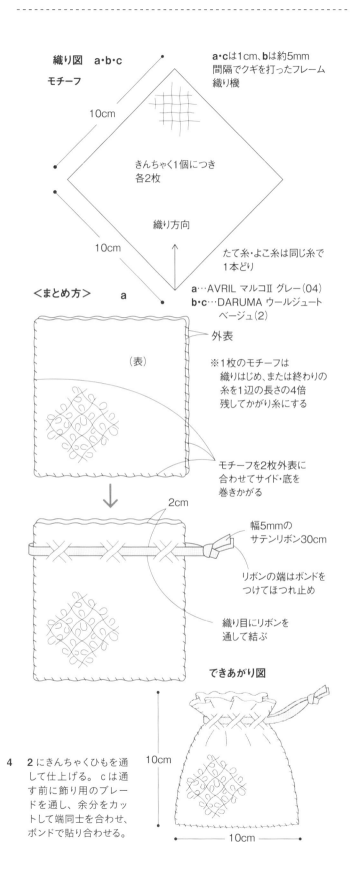

◉使用糸
- **きんちゃくa** たて糸よこ糸ともに AVRIL マルコⅡ グレー（04）少々（10ｇ）
- **きんちゃくb・c・d** たて糸よこ糸とも DARUMA ウールジュート ベージュ（2）各少々（1個）

◉その他の材料
- **きんちゃくa** 幅5mm のサテンリボン（シルバーグレー）30cm
- **きんちゃくb** 幅約3mm のひもテープ（グレー）60cm（30cm×2本にカット）
- **きんちゃくc** 幅約4mm の飾りひも 60cm（30cm×2本にカット）
  花とリボンのブレード 約20cm
- **きんちゃくd** 幅5mm のサテンリボン（サーモンピンク）24cm
- **共通** 布補修ボンド

◉使用織り機
a・c は縦11×横11cm、クギ（こびょう）の間隔1cm、**b** は約5mm のフレーム織り機
d は約縦8.5×横8.5cm、クギ（こびょう）の間隔約5mm の木の枡利用のフレーム織り機

◉セット寸法
すべてたて糸1本どりで、クギ（こびょう）にかけながら織りすすめる（**a・b・c** は10×10cm、**d** は7.5×7.5cm）

◉できあがりサイズ
a・b・c 10×10cm
d 7.5×7.5 cm（すべて、ひもをのばした状態で）

◉作り方
1 きんちゃく1個につき2枚ずつモチーフを織る。**a〜d** それぞれ織り機にたて糸をかけながら織りすすめる。このとき、モチーフ1枚は織りはじめ、または織り終わりの糸を少し長く残しておき、かがり糸に利用する（1辺のサイズの約4倍とっておけば安心）
2 織りあがったら織り機からはずし、残した糸以外の糸端を始末する。
* **織り方は P.46〜47を参照。**
3 モチーフを2枚外表に合わせて、袋口以外の周囲を巻きかがりで縫い合わせる。
4 2にきんちゃくひもを通して仕上げる。**c** は通す前に飾り用のブレードを通し、余分をカットして端同士を合わせ、ボンドで貼り合わせる。

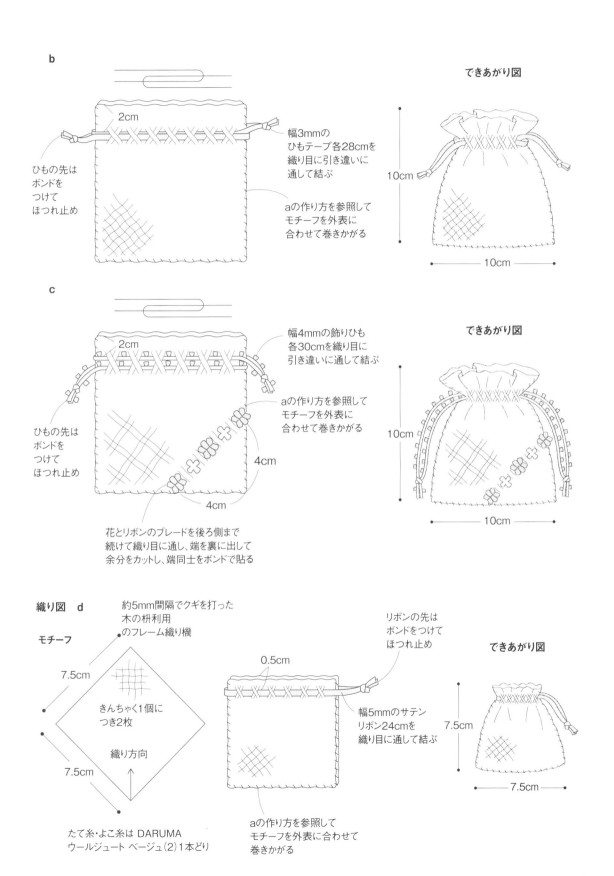

千鳥格子のテーブルマット

⊙ 使用糸

すべて DARUMA クラシイックツイード
- **たて糸・よこ糸** a 茶色（6）・ライトグレー（9）、b グレー（1）・ライトグレー（9）、c 赤茶色（5）・茶色（6）、d からし色（8）ライトグレー（9）、e 青（3）・ライトグレー（9）、f 茶色（6）・からし色（8）、g 赤茶色（5）・アイボリー（7）各少々（10g）

⊙ 使用織り機

縦横約 11×11cm、クギ（こびょう）の間隔約 5mm のフレーム織り機

⊙ セット寸法

すべてたて糸1本どりで、左下のクギから1色2目ずつ交互にかける（縦10×横10cm）

⊙ できあがりサイズ

すべて約 10×10cm

⊙ 作り方

1. 織り図を参考に織り機にたて糸をかけたら、織り機の周囲にそれぞれ4周糸を回しかけて、余分をカットする。(回した糸がよこ糸になる)
2. 続けて同じ糸で織りすすめる。途中フォークでしっかり織り目を詰めながら織る。
3. 織りあがったら織り機からはずし、たて糸とよこ糸端を始末してできあがり。
* 織り方、仕上げ方は P.48 を参照。

できあがり図

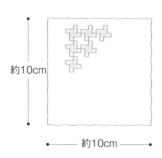

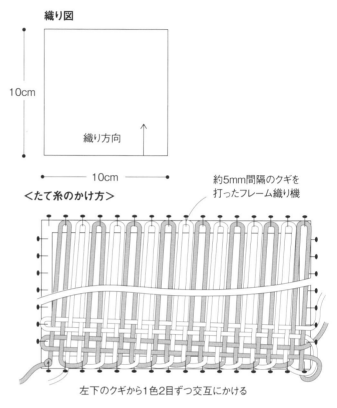

左下のクギから1色2目ずつ交互にかける

たて糸の配色

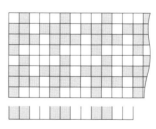

よこ糸の配色

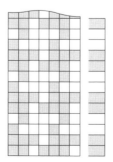

※たて糸・よこ糸共にクラシイックツイード

a	☐茶色(6)	☐ライトグレー(9)
b	☐グレー(1)	☐ライトグレー(9)
c	☐赤茶色(5)	☐茶色(6)
d	☐からし色(8)	☐ライトグレー(9)
e	☐青(3)	☐ライトグレー(9)
f	☐茶色(6)	☐からし色(8)
g	☐赤茶色(5)	☐アイボリー(7)

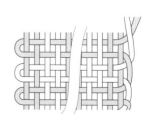

※よこ糸を1色2段ずつ交互に糸(色)を変えて織りすすめる

モチーフつなぎのプチバッグとクラッチバッグ

⦿ 使用糸

- **たて糸よこ糸** ともにすべてメルヘンアート
  ヘンプトゥワイン中タイプ 太さ約1.8mm
- **モチーフ**
  ダークブラウン(324)、ブルー(325)、イエロー(327)、
  オレンジ(328)、レッド(329)、ターコイズ(330)、
  マゼンタ(335)、ライムグリーン(336)、薄ターコイズ(337) 各1カセ(10m)
- **バッグの持ち手・モチーフ巻きかがり用**
  ライトブラウン(322) 2カセ(20m)
- ＊ クラッチの場合は巻きひもに使用

⦿ その他の材料
直径3cmのボタン(クラッチバッグ)

⦿ 使用織り機
- **モチーフ** 縦横約8.5×8.5cm、クギ(こびょう)の間隔約5mmの木の枡利用のフレーム織り機
- **バッグの持ち手** 幅3cm×長さ25cmのイラストボード織り機

⦿ セット寸法
- **モチーフ** 1本どりでクギ(こびょう)にかけながら織りすすめる(縦7.5×横7.5cm)。
- **バッグの持ち手** ピンは5mm間隔で上下端に4本ずつ打ち、たて糸は1本どりで5目(幅2cm×長さ24cm)。

⦿ できあがりサイズ
約21×21cm(持ち手部分含まず。クラッチで使用の場合は、のばした状態)

⦿ 作り方
1. フレーム織り機にたて糸をかけながら、モチーフを織る。フォークでしっかり織り目を詰め、整えながら織りすすめる。
2. 織りあがったら、織機からはずし、たて糸とよこ糸端を始末する。
3. 1〜2を繰り返して、必要枚数のモチーフを作る。
＊ 織り方、仕上げ方はP.46〜47を参照。
4. 3を各色9枚ずつ、巻きかがりでつなげていく。まず縦の3枚をつなげ、それを横につなげる。2枚作る。
5. バッグの場合は、イラストボード織り機で持ち手を2枚織り、たて糸とよこ糸を始末。4の上部に縫いつける。
＊ 持ち手の織り方、仕上げ方はP.38〜39を参照。
6. バッグの場合は5を、クラッチの場合は4を外表に合わせ、袋口を残してまきかがりで袋状に仕立てる。バッグはこれで完成。
7. クラッチの場合は、手前にボタンをつけ、袋口1カ所に、ボタンの巻きひもを通して仕上げる。

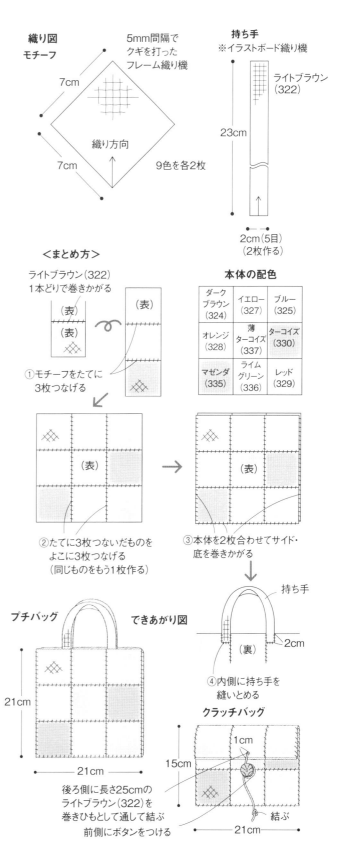

作品 P.31

すかし飾り織りのコースター

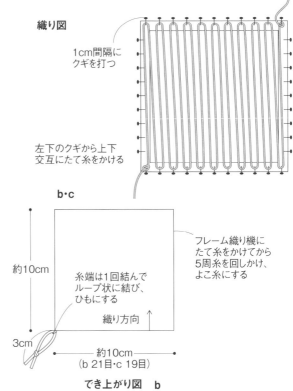

⦿ 使用糸
● **たて糸よこ糸** ともにすべて DARUMA SASAWASHI
a・c 薄茶色 (2)、**b・d** アイボリー (1)、**e** カフェオレ (9)
各少々 (1個 25g)

⦿ その他の材料
飾り織り糸
● コースター **a** DARUMA ウールロービング (以下、D ロービングと表記) ベージュ (2) 少々 (1玉)
● コースター **d** D ロービング グレー (6) 少々 (1玉)
● コースター **e** AVRIL ガウディ (以下、A ガウディと表記) グリン (16) 少々 (10g)
● コースター **b** A ガウディ レッド (45) 少々 (10g)、D ロービング グレー (6) 少々 (1玉)
● コースター **c** A ガウディ キャメル (43)、レッド (45) 各少々 (各10g)

⦿ 使用織り機
a・d・e 縦横約 11×11cm、クギ (こびょう) の間隔約 5mm のフレーム織り機
b・c 縦横約 11×11cm、クギ (こびょう) の間隔約 1cm のフレーム織り機

⦿ セット寸法
すべてたて糸1本どりで、織り機の左下のクギ(こびょう)から上下交互にかける (縦10×横10cm)。

⦿ できあがりサイズ
すべて約 10×10cm (**b・c** はひっかけひも部分含まず)

⦿ 作り方
1 織り図を参考に織り機にたて糸をかけたら、**a・d・e** は織り機の周囲に8周、**b・c** は6周糸を回しかけて、余分をカットする。(回した糸がよこ糸になる)
2 続けて同じ糸で織りすすめる。途中フォークでしっかり織り目を詰めながら織る。
3 織りあがったら織り機からはずし、たて糸とよこ糸端を始末。その際、**b・c** は端を1回結んだ後ループ状に結び、引っかけひもを作る。
* **織り方、仕上げ方は P.48 を参照。**
4 図を参照して **a〜e** それぞれに飾り糸を織り込む。

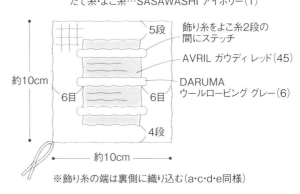

※飾り糸の端は裏側に織り込む (a・c・d・e同様)

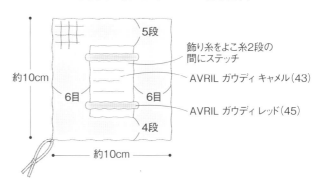

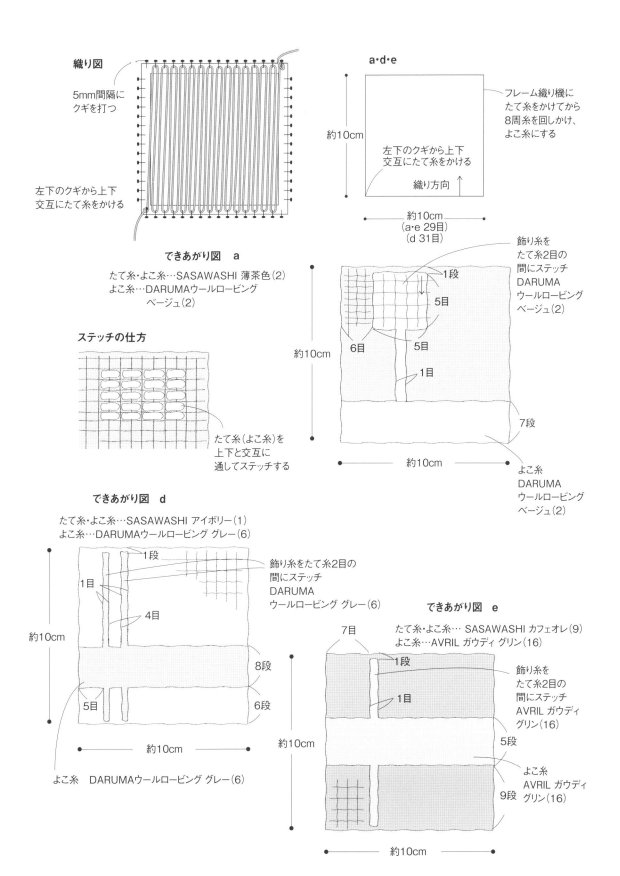

素材・用具協力　（50音順）

○糸協力
AVRIL（アヴリル）　　http://www.avril-kyoto.com
本社　京都府京都市左京区一乗寺高槻町20-1　TEL.075-724-3550
AVRIL吉祥寺店　東京都武蔵野市吉祥寺本町2-34-10　TEL.0422-22-7752

アートファイバーエンドウ　http://www.artfiberendo.co.jp/
京都府京都市上京区大宮通椹木町上る菱屋町820　TEL.075-841-5425

○用具・ボンド協力
クロバー株式会社　　http://www.clover.co.jp
大阪府大阪市東成区中道3丁目15番5号　TEL.06-6978-2277（お客様係）

○アーティスティックワイヤー協力
泰豊トレーディング株式会社　http://www.eggs.co.jp/
東京都千代田区飯田橋2-1-5 CR第2ビル1F　TEL.03-5210-3171

○糸協力
ディー・エム・シー株式会社　http://www.dmc.com/
東京都千代田区神田紺屋町13番地 山東ビル7F　TEL.03-5296-7831

メルヘンアート株式会社　http://www.marchen-art.co.jp
東京都墨田区横網2-10-9　TEL.03-3623-3760

○糸・用具（織り針）協力
横田株式会社・DARUMA　http://www.daruma-ito.co.jp/
大阪府大阪市中央区南久宝寺2-5-14　TEL.06-6251-2183

Staff
ブックデザイン　平木千草
撮　　　影　　中村あかね（口絵）　森村友紀
作り方解説　　吉田晶子
作り方トレース　白井麻衣
編　　　集　　HMYファクトリー　斎藤あつこ

空き箱・フレーム・厚紙・木っ端で作る
ちいさな織り機で ちいさなおしゃれこもの

発行日：2017年2月25日

著　者：蔭山はるみ
発行人：瀬戸信昭
編集人：今ひろ子
発行所：株式会社 日本ヴォーグ社
　　　〒162-8705　東京都新宿区市谷本村町3-23
　　　出版受注センター/TEL.03-6324-1155　FAX.03-6324-1313
　　　振替／00170-4-9877
印刷所：大日本印刷株式会社

Printed in Japan © Narumi Kageyama 2017
ISBN978-4-529-05655-7 C5077

●本誌に掲載する著作物の複写に関わる複製・上映・譲渡・公衆送信（送信可能化を含む）の各権利は、株式会社日本ヴォーグ社が管理の委託を受けています。

●JCOPY〈（社）出版者著作権管理機構 委託出版物〉
本書の無断複写は著作権法上での例外を除き禁じられています。
複写される場合は、そのつど事前に、（社）出版者著作権管理機構
（電話 03-3513-6969、FAX 03-3513-6979、e-mail:info@jcopy.or.jp）
の許諾を得てください。

●落丁・乱丁本は、小社負担でお取り替えいたします。

あなたに感謝しております
We are grateful.

手づくりの大好きなあなたが、この本をお選びくださいまして
ありがとうございます。内容はいかがでしたか？
本書が少しでもお役に立てば、こんなにうれしいことはありません。

日本ヴォーグ社では、手づくりを愛する方とのおつき合いを大切にし、
ご要望におこたえする商品、サービスの実現を常に目標としています。
小社及び出版物について、何かお気付きの点やご意見がございましたら、
何なりとお申し付けください。そういうあなたに、私共は常に感謝しております。

株式会社日本ヴォーグ社 社長　瀬戸信昭　FAX 03-3269-7874

日本ヴォーグ社関連情報はこちら
（出版、通信販売、通信講座、スクール・レッスン）
http://www.tezukuritown.com/　　手づくりタウン　検索

立ち読みできるウェブサイト「日本ヴォーグ社の本」
http://book.nihonvogue.co.jp/